월호 스님의
선가귀감 강설

월호 스님의

선가귀감 강설

월호 지음

조계종
출판사

머리말

바야흐로 명상이 대세입니다. 명상冥想이란, 명백히 자기 자신을 돌이켜 보아, 상상 이상으로 상태가 좋아지는 것입니다. 명백히 자신을 돌이켜 보면 몸과 마음은 '아바타'요, 성품이 '진짜 나'임을 깨닫게 됩니다. 그래서 성품인 '관찰자'의 입장에서 매사를 아바타로 바라보는 것이 참선의 핵심인 견성見性입니다.

서산 대사의 『선가귀감禪家龜鑑』에서는 이 관찰자를 '한 물건'이라고 표현하고 있습니다.

'한 물건으로 본다면, 사람마다 본래면목이 원만히 갖추어져 있거늘, 어찌 남이 연지 찍고 분 발라주기를 바랄 것인가? 그러므로 불조출세佛祖出世가 무풍기랑無風起浪이라. 따라서 대장부는 부처님과 조사 보기를 원수처럼 해야 한다. 부처님에게 매달려 구하는 것이 있으면 부처님에게 얽매인 것이고, 조사에게 매달려 구하는 것이 있으면 또한 조사에게 얽매여 있는 것이다.'

우리의 본래면목은 '마하반야바라밀'입니다. 한없이 크고 밝고 완전한 것이지요. 그 자리에는 연지 찍고 분 바를 필요가 없습니다. 이것은 오히려 본래면목을 위축케 하고, 어둡게 하며,

불완전하게 인식하도록 만드는 짓입니다. 이른바 바람도 없는 데 물결을 일으키는 것이지요.

불교는 본래 대자유인을 만드는 종교입니다. 결코 종을 만드는 가르침이 아닙니다. 그런 의미에서 불조에게조차 구걸하거나 매달릴 필요가 없음을 역설하며, 자기야말로 자신의 주인이라는 점을 강조합니다. 이런 점에서 선禪은 특히 불교의 근본을 잘 통찰하게 해줍니다. 가지를 헤쳐가면서 잎사귀를 따는 수고를 덜게 해주지요.

서산 대사의 『선가귀감』이야말로 불교의 핵심이자 한국 간화선의 교과서입니다. 불교와 참선에 있어 가장 요긴하고 간절한 말 수백 마디를 추려서 한 장에 적어놓을 수 있었던 것은 그만한 안목이 있어서가 아닐까요?

필자 또한 강원에서 학인스님들을 가르칠 때 경전의 내용을 한 장에 요약해서 설명하기를 좋아합니다. 예컨대 『대승기신론』의 내용을 A4 용지 한 장에 정리해서 발표하게 합니다. 이와 마찬가지로 『금강경』, 『원각경』, 또는 『능엄경』도 모두 A4 용지 한 장에 그 내용을 요약 · 설명할 수 있어야 합니다. 단순히 내용을 압축하는 것이 아니라, 골자를 끌어내서 연결할 수 있어야 하는데 이것은 경전을 보는 안목이 어느 정도 열려야 가능합니다.

근래에 한국 선禪의 정체성을 찾는 작업이 시도되고 있습니다. 그만큼 한국 선에 대한 사람들의 관심이 높아지고 있음을 반증합니다. 그럼에도 한국 선은 이론화 · 체계화되어 있지 않습니다. 거의 대부분의 스님들이 중국 조사스님들의 가르침에 열을 올립니다. 또는 티베트나 남방불교의 명상 체계에 관심을 쏟기도 합니다.

중국의 선禪은 돈오頓悟에 집중합니다. 티베트와 남방불교의 명상은 점수漸修에 바탕합니다. 하지만 『선가귀감』은 돈오와 점수를 함께 이야기합니다. 성품性과 모양相의 두 차원에 입각하여, 이른바 깨달음은 디지털식으로 단박에 얻되, 닦음은 아날로그식으로 꾸준히 지어 나가도록 합니다. 성품은 곧바로 보면 되지만, 마음과 몸은 여전히 닦아야 하기 때문이지요. 아울러 참회와 염불 · 독경 등 불교의 여타 수행법에 대해서도 이치와 현상, 진실과 방편에 입각해 잘 가려서 설명해주고 있습니다.

결국 불교의 뼈대는 곧게 세우되, 방편이 되는 모든 부분을 너그럽게 포용해서 잡아 쓰고 있는 것입니다. 이야말로 한국선, 아니 한국 불교의 특징이 아닐까요? 인도의 아비달마불교, 중국의 종파불교, 일본의 의례불교, 남방의 점수불교를 극복할 수 있는 최상의 대안은 바로 한국의 선불교이며, 그 핵심은 곧『선가귀감』이라고 믿어 의심치 않습니다.

한없이 자랑스럽습니다. 우리나라에 서산 대사와 같은 위대한 스님이 계시다는 것이! 한없이 감사합니다. 불교의 근본을 잘 통찰한『선가귀감』이라는 책이 있다는 것이!

외로운 달 홀로 비춰 강산은 고요한데
한바탕 웃음소리 천지가 놀라겠네.
우 하 하 하 하 하!

행불사문行佛沙門 월호月瑚 합장合掌 배례拜禮

차례

서문

예전에 불교를 배우는 이들은 부처님의 말씀이 아니면 말하지 않았고, 부처님의 행동이 아니면 행하지 않았다. 그러므로 그들이 보배로 여긴 것은 오로지 경전의 거룩한 글뿐이었다. 그러나 오늘날 불교를 배우는 이들은 전해가면서 외는 것이 사대부의 글이요, 청하여 지니는 것이 사대부의 시뿐이다. 심지어는 그 종이에 색칠하고 화려한 비단으로 꾸며서, 아무리 많아도 족한 줄을 알지 못하고 지극한 보배로만 여기고 있다. 과거와 오늘에 불교를 배우는 이들의 보배 삼는 것이 어찌 이다지도 같지 않을까.

재주 없는 내가 옛글에 뜻을 두어 경전의 거룩한 글로써 보배를 삼기는 하지마는 그 글이 너무도 번다하다. 장경 바다가 하도 넓고 아득하므로, 뒷날의 도반들이 가지를 헤쳐가면서 잎을 따는 수고를 면하도록, 글 가운데 가장 요긴하고 간절한 것 수백 마디를 추려서 한 장에 써놓았다. 글은 간단하지만 뜻은 두루 갖추어졌다고 할 만하다. 만일 이 글로써 엄한 스승을 삼아 끝까지 참구하여 오묘한 이치를 얻는다면, 마디마디에 산 석가여래가 나타나실 것이니 부디 힘써볼 일이다. 그러나 문자를 떠난 한마디와 격에서 벗어난 기묘한 보배는 쓰지 않으려는 것도 아니지만, 아직 특별한 기틀을 기다리고자 하노라.

가정 갑자嘉靖甲子 1564년 여름,
청허당淸虛堂 백화도인白華道人 씀.

선가귀감

1

여기 한 물건이 있는데
본래부터 한없이 밝고 신령스러워
일찍이 나지도 않았고 죽지도 않았다.
이름 지을 길 없고, 모양 그릴 수도 없다.

註

한 물건이란 무엇인가? (○ 동그라미를 그리고)
옛 어른은 이렇게 말했다.
옛 부처님 나기 전의 의젓한 동그라미,
석가도 아직 모르는데 가섭이 어찌 전하랴?

이것이 한 물건의 나지도 않고 죽지도 않음이며, 이름 지을 길 없고 모양 그릴 수도 없는 까닭이다.
육조 혜능六祖慧能 스님이 대중에게 물었다. "나에게 한 물건이 있는데 이름도 없고 모양도 없다. 너희들은 알겠느냐?" 신회神會 선사가 곧 대답하기를 "모든 부처님의 근본이요, 신회의 불성입니다" 하였으니, 이것이 신회가 육조의 서자庶子가 된 까닭이다.
한편 회양懷讓 선사가 숭산에서 와 뵙자 육조 스님이 물었다. "무슨 물건이 이렇게 왔는고?" 이때 회양은 어쩔 줄 모르고 쩔쩔매다가, 8년 만에야 깨치고 나서 말하기를 "설사 한 물건이라 해도 맞지 않습니다" 하였으니, 이것이 회양이 육조의 적자嫡子가 된 까닭이다.

유儒 · 불佛 · 선仙의 성인들 모두 이 말에서 나왔네.
뉘라서 말할 텐가, 눈썹이 빠질라!

이름도 없고 모양도 없다면 '한 물건'이란 또 무엇인가? 이름 붙일 수 없고 모양 그릴 수 없기에, 어떠한 이름으로 불러도 상관없고, 어떠한 모양으로 그려도 상관없다. 하필 원상圓相뿐이겠는가?

학의 다리는 길고 오리 다리는 짧으며, 소나무는 곧고 가시나무는 굽었다. 모든 모양이 원래 참다운 모양이니, 소 부처와 말 부처, 남자 부처와 여자 부처가 서로서로 빌리지 않고도 각자 즐거움을 누리고 있다.

사람들은 진리를 찾아 헤매지만 사실은 두두물물頭頭物物이 진리 아님이 없다. 진리를 찾아다니는 것은 마치 바닷속의 물고기가 바다를 찾아다니는 것과 같으며, 허공을 나는 새가 허공을 찾아다니는 것과 마찬가지다. 자유롭게 물속을 헤엄쳐 다니는 물고기처럼, 마음껏 하늘을 나는 새처럼, 바로 지금 여기서 생명의 기쁨을 체험하면 그뿐이 아닐까?

불성佛性은 은밀히 감추어진 것이 아니다. 바로 지금 여기에 드러나 있는 현실이다. 일체가 살아 움직이고 있으며, 살아 있는 모든 존재는 불성이다. 통상 살아 있다고 하면 동식물만 생각하지만, 모든 존재는 살아 있다. 모든 존재는 살아서 변화한다. 바위나 산도 변화한다. 지구도 변화하며 우주도 변화한다. 변화하지 않는 존재는 없다. 존재하는 모든 것은 변화하며, 변화하는 것은 살아 있는 것이다.

끊임없이 변화하기 때문에 바로 지금 여기에서 모든 존재는 그대로 진리의 모습이다. 바로 지금 여기를 떠나서 존재의 진실은 따로 없다. 바로 지금 여기를 떠나서 '참 나'는 따로 없다. 고정된 실체로서의 '나'는 없기 때문에 바로 지금 여기에서 '나의 행위'가 '나'다. 보살행을 하면 보살이 된다. 인간다운 행을 하면 인간이다. 축생의 행을 하면 축생이 된다. 어떠한 행을 할 것인가? 내가 선택한다. 내 작품이다.

2

부처님과 조사가 세상에 나오심은
마치 바람도 없는데 물결이 일어남이다.

註

부처님은 석가여래이고, 조사는 가섭존자이다. 세상에 나오신다는 것은 대자대비를 토대로 중생을 건지는 것을 말한다. 그러나 '한 물건'으로 따져본다면, 사람마다 본래면목이 저절로 원만히 이루어졌는데 어찌 남이 연지 찍고 분 발라주기를 기다릴 것인가. 그러므로 세상에 나오심은 물결이 일어남이다.
『허공장경虛空藏經』에서 '문자도 마의 업이요, 이름과 형상도 마의 업이요, 부처님의 말씀까지도 마의 업이다'라고 한 것이 이 뜻이다. 본분을 바로 들어 보일 때는 부처님이나 조사도 아무 소용이 없는 것을 말함이다.

하늘과 땅이 빛을 잃고
해와 달도 광채를 잃었구나.

'누가 그대를 묶었는가?' 아무도 나를 묶은 바가 없다. 하지만 스스로 자승자박에 걸려 있기에 해탈을 구한다. 본래면목자리는 연지 찍고 분 바를 필요가 없다. 이미 완전무결한 것이다. 지금 이 모습도 알고 보면 누구나 있는 그대로 그토록 자신이 원했던 모습인 것이다. 그러므로 어서 빨리 벗어나야 한다. 몸에 대한 콤플렉스, 돈에 대한 콤플렉스, 신에 대한 콤플렉스로부터.

부처님은 인간을 신神으로부터 해방시킨 분이다. 또한 돈으로부터 해방시킨 분이다. 부처님이 오시기 전까지 인간은 기껏해야 신의 종이거나 돈의 노예로 만족하고 살아야 했다. 하지만 부처님께서는 당당히 선언하셨다. '자기야말로 자신의 주인'이라고. 신이나 돈이 나의 행복을 위해 존재하는 것이지, 내가 신이나 돈의 종이 될 필요가 없다.

그렇다고 해서 이런 외부의 연들을 무시할 필요도 없다. 하늘은 스스로 돕는 자를 돕는다. 돈도 자신을 잘 써주는 이에게 모인다. 먼저 웃다 보면 웃을 일이 생겨난다. 웃을 일이 생겨서 웃는 것은 누구나 할 수 있는 일이다. 하지만 먼저 웃음으로써 웃을 일이 생기도록 만드는 것, 이것이 참다운 방생放生이며 인과법칙을 현실에서 살려 나가는 방법이다.

삶에는 두 가지 유형이 있다. 업생業生과 원생願生이다. 업생이란 어디서 왔는지 어디로 가는지도 모른 채 물결에 휩쓸려 살다 가는 삶이다. 원생이란 스스로의 삶을 갈무리해 도도한 업의 물결을 건너가는 것이다. 나도 건너고 남도 건네주는 것이다. 중생은 업생을 살고, 보살은 원생을 산다. 중생은 못다 한 숙제를 해 마치기 위해서 태어나며, 보살은 숙제도우미로 이 세상에 온다.

그러므로 보살의 수행은 공空으로 향해가는 수행이 아니라, 공空으로부터 출발하는 수행이다. 텅 비었기 때문에 무엇으로든 채울 수 있으며, 고정된 '나'가 없기 때문에 어떠한 '나'도 만들어갈 수 있다는 신념을 바탕으로 한다. 이러한 신념을 바탕으로 중생을 향한 끊임없는 사랑과 연민의 서원을 발하여야 한다.

언젠가 이 세상에 없을 당신을 사랑합니다.
가진 만큼 베풀고, 아는 만큼 전하겠습니다.

보살은 이처럼 자신을 방생하고 남도 방생한다. 스스로의 생명을 해방시키고 다른 생명을 해방시키는 것, 진정 바람도 없는데 물결을 일으킴이 아니겠는가?

3

그러나 법에도 여러 뜻이 있고
사람에게도 온갖 기질이 있으므로
여러 방편을 세우지 않을 수 없다.

註

법이란 한 물건이고, 사람이란 중생을 가리킨다. 법에는 '변하지 않는 것'과 '인연을 따르는' 두 이치가 있고, 사람에게는 '단박 깨치는 이'와 '점차 닦아야 하는 이'의 두 기질이 있으므로, 문자나 말로 가르치는 여러 방편이 필요하다. 이른바 '공적인 일에는 바늘 끝만큼도 용납할 수 없으나, 개인적인 정으로는 수레도 오고 간다'고 하는 것이다.

중생이 비록 본래부터 원만하게 이루어졌다 하지만, 천생으로 지혜의 눈이 없어서 윤회를 달게 받는다. 만일 세상에서 초월한 금칼이 아니라면 누가 이 무명의 두꺼운 껍질을 벗겨줄 것인가? 고생 바다를 건너 즐거운 저편 기슭에 오르는 것은 모두 부처님의 크게 가엾이 여기는 은혜 덕분이다. 그러므로 한량없는 목숨을 바치더라도 그 은혜의 만분의 일도 갚을 수 없다.

이것은 새로 닦아 나가는 이치를 널리 들어 부처님과 조사스님들의 깊은 은혜에 감사할 것을 말한 것이다.

임금님이 보배 전각에 오르니

시골 노인 노랫가락 절로 나오네.

어떤 이가 와서 물었다. 불교의 핵심 교리는 무아법無我法이다. 그런데 한편으로 윤회설輪回說도 말한다. 무아와 윤회는 얼핏 모순되어 보인다. 무아인데 어떻게 윤회할까? 내가 없다면, 과연 윤회하는 주체는 무엇이란 말인가?

한마디로 말해서, 무아법에 통달하면 더 이상 윤회하지 않는다. 무아에 통달하지 못했기에 윤회하는 것이다. '나'라고 하는 생각이 남아 있는 한 윤회를 면할 수 없다. 바로 이 한 생각이 근본이 되어 윤회하기 때문이다.

그러므로 중생에게 무아는 목표요, 윤회는 현실이다. 이것을 잘 구분할 줄 알아야 한다. 서로 다른 차원의 가르침을 동일선상에서 설명하려고 하니 무리가 따른다. 본래 무아無我였지만, '나'라는 한 생각이 일어남으로써 유아有我로서의 삶이 펼쳐지게 되었다. 그렇다면, '나'라는 한 생각은 어떻게 일어나게 되었을까?

할喝!
바람도 없는데 물결이 일어났도다.

이미 일어난 물결이 어떻게 해서 일어났는가를 알아내는 것도 중요하지만, 일단 잠재우는 것이 더욱 중요하다. 물결이 쉬면 왜 일어났는지도 자연히 알게 되기 때문이다. 그런 까닭에 법신불法身佛이 몸을 나투어 보신불報身佛과 화신불化身佛로 중생에게 다가오신 것이다.

법신불인 '본마음 참 나'는 모양 그릴 수 없고 이름 지을 길 없는 자리이다. 그렇기에 어떠한 모양으로도 나툴 수 있고 어떠한 이름으로도 부를 수 있다. 이렇게 말하면 바로 알아차리는 이도 있지만, 그렇지 못한 이가 많다. 그래서 마음으로 나투신 부처님이 보신불이다. 보신불 또한 마음의 눈이 열린 이는 보고 들을 수 있지만, 그렇지 못한 이도 많다. 그래서 결국 몸으로 나투신 부처님이 화신불이다. 이처럼 중생을 건지기 위해서 직접 마음과 몸으로 나투신 부처님의 은혜는 참으로 백골난망이다. 부처님이 안 오셨다면 나는 지금 어느 지옥에서 헤매고 있을까?

4

굳이 여러 이름을 붙여서
마음이라 부처라 중생이라 했으나
이름에 얽매여 알음알이를 낼 것이 아니다.
다 그대로 옳다.
그러나 한 생각이라도 움직이면 곧 어긋난다.

註

한 물건에 굳이 세 가지 이름을 붙인 것은 교가敎家의 부득이한 일이고, 이름에 얽매여 알음알이를 내지 말라는 것은 선가禪家의 부득이한 일이다.
한 번 들어보고 한 번 눌러놓으며, 곧 세우고 곧 깨뜨리는 것이 모두 법왕이 내리는 명령의 자유자재다.
이것은 윗 것을 맺고 아랫 것을 일으켜 부처님과 조사들의 방편이 각각 다른 것을 말함이다.

오랜 가뭄 끝에 단비 내리고
천 리 타향에서 친구 만났네.

마음과 부처와 중생, 이 셋은 차별이 없다. 마음이 쉬면 부처요, 부처가 작용하면 마음이다. 한 생각 깨달으면 부처요, 한 생각 미혹하면 중생이다. 본체는 동일하나, 작용이 다를 뿐이다.

이 세상은 세 가지 구조로 이루어져 있다. 본마음과 마음, 그리고 몸이다. 여기에서 본마음은 무분별의 경지이며, 마음은 분별심을 말하고, 몸은 물질을 말한다. 생겨난 순서로 보자면, 본마음 자리에서 파동이 일어나 마음이 생겨났고, 마음이 뭉쳐져 몸으로 드러나게 되었다. 예컨대, 본마음이 순수에너지라면 마음은 파동에너지요, 몸은 뭉친 에너지라고 볼 수 있다.

그러므로 본마음 자리로 돌아가는 길은 그 역순이 된다. 몸뚱이 착着이 쉬고 분별심이 쉬면 본마음 자리로 돌아가게 된다. 그렇다고 해서 본마음 자리가 따로 있는 것이 아니다. 파도가 쉬면 그대로 바다인 것처럼 몸뚱이 착이 쉬고 분별심이 쉬면 그대로가 본마음 자리인 것이다.

부처님께서 제따와나 수도원에 계시던 어느 때, 띳사 장로가 몸에서 나오는 피고름 썩는 냄새 때문에 홀로 떨어져 누워 있었다. 부처님께서는 아침 일찍 신통력으로 시방세계를 두루 살펴보시다가 헛간에서 신음하고 있는 띳사 비구를 보셨다.

부처님께서는 그가 법을 깨달을 때가 왔음을 아시고 직접 그를 치료하셨다. 이때 부처님께서는 그 비구의 침상 곁에 서서 이렇게 설법하셨다.

"비구들이여, 너희 마음이 몸을 떠나게 되면 너희의 육신은 아무 쓸모가 없어 마치 나무토막과 같이 흙바닥에 뒹굴게 되느니라."

그리고 부처님께서는 다음 게송偈頌을 읊으셨다.

경북 경주 단석산 신선사 마애미륵여래입상

오래지 않아 이 몸 흙바닥에 버려지고
마음 또한 어디론가 사라져버리리.
그때 덧없는 이 몸은 실로
썩은 나무토막보다도 소용없으리.

부처님의 이 게송 끝에 띳사 비구는 아라한과를 성취하였고, 곧 열반에 들었다.

몸뚱이는 실로 나의 것이 아니다. 내 뜻대로 되지 않는데 어찌 나의 것이라 말할 수 있으랴? 마음도 마찬가지다. 자유자재로 컨트롤할 수 없다면, 나의 것이 아니다. 나는 이 몸과 마음의 소유자가 아니다. 관리자일 뿐!

5

세존께서 세 곳에서 마음을 전하신 것은
선禪의 가르침이 되고,
한평생 말씀하신 것은 교敎의 가르침이 되었다.
그러므로 선은 부처님의 마음이고,
교는 부처님의 말씀이다.

註

세 곳이란, 다자탑 앞에서 자리를 절반 나누어 앉으심이 첫째요, 영산회상에서 꽃을 들어 보이심이 둘째요, 사라쌍수 아래서 관 속으로부터 두 발을 내어 보이심이 셋째이다. 이른바 가섭존자가 선의 등불을 따로 전해 받았다는 것이 이것이다.
부처님께서 한평생 말씀하신 것이란 49년 동안 말씀하신 다섯 가지 가르침이다. 첫째는 인천교人天教, 둘째는 소승교小乘教, 셋째는 대승교大乘教, 넷째는 돈교頓教, 다섯째는 원교圓教이다. 이른바 아난존자가 교의 바다를 널리 흐르게 했다는 것이 이것이다.
그러므로 선과 교의 근원은 부처님이고, 선과 교의 갈래는 가섭존자와 아난존자이다. 말 없음으로써 말 없는 데 이르는 것은 선이고, 말로써 말 없는 데 이르는 것은 교다. 또한 마음은 선법이고 말은 교법이다. 법은 비록 한맛이라도 뜻은 하늘과 땅만큼 아득히 떨어진다.
이것은 선과 교의 두 길을 가려놓은 것이다.

놓아 지나치지 말라.
풀 속에 거꾸러지리니.

세존께서 영산에서 설법하실 때, 하늘에서 네 가지 꽃이 비처럼 내렸다. 세존께서 그 꽃을 들어 올려 대중에게 보이시자 가섭존자만이 홀로 빙그레 웃었다. 이에 세존께서 "나에게 정법안장正法眼藏이 있는데 마하가섭에게 전해주노라"라고 말씀하셨다. 이것이 바로 염화시중拈華示衆의 미소로, 말없이 마음에서 마음으로 전했다 하여 이심전심以心傳心을 뜻한다.

선은 불립문자不立文字를 표방하여 문자를 세우지 않는다. 하지만 문자를 떠나서 진리를 전할 수 있는 방편도 없다. 문자 분별에 떨어져서도 안 되겠지만, 문자를 떠나서 진리를 표현할 수도 없다. 방棒이니 할喝이니 하는 것도 결국은 문자적 표현 수단이요, 침묵도 문자적 표현이다. 이와 같은 표현 수단을 떠나서 선을 전달할 수 있는 것도 아니다.

달마達磨의 가르침을 선종 안심법문安心法門이라고 한다. 선이야말로 마음을 편안하게 하는 지름길을 제시해준다. 경전의 가르침을 아는 것도 중요하지만 바로 지금 여기에서 자기 마음이 편안해지는 것보다 더 중요한 게 있을까?

마음의 편안함에도 두 가지가 있다. 그 무엇에 의해서도 휘둘리지 않는 궁극적인 편안함이 있고, 외부의 존재나 조건에 기대어 얻어지는 일시적인 편안함이 있다. 예를 들어 외부의 어떤 존재, 즉 신神이나 경전에 기대어 '믿습니다' 해서 얻어지는 안심은 조건 지워진 안심이다. 외부의 존재에 기댄 것이기 때문에 얼마나 갈지, 어떻게 변할지 알 수 없다. 마음 자체가 실체가 없음을 통달해서 얻어진 안심이자 조건 지우지 않은 안심이야말로 진정한 안심, 궁극적인 편안함이라 할 수 있다.

6

그러므로 누구든지 말에 떨어지면
꽃을 드시니 빙긋이 웃은 일이 모두
교의 자취만 될 것이고, 마음에서 얻으면
세상의 온갖 거친 잡담이라도 모두
경전 밖에 따로 전한 선의 취지가 될 것이다.

註

법은 이름이 없으므로 말로써 미치지 못하고, 모양이 없으므로 생각으로 헤아릴 수 없다. 무엇이나 말해보려 한다면 벌써 본마음을 잃은 것이고, 본마음을 잃으면 세존께서 꽃을 드신 것이나 가섭존자의 미소가 모두 죽어버린 이야기가 될 것이다. 마음으로 얻은 사람에게는 장꾼들의 잡담이라도 다 요긴한 설법이 될 뿐 아니라, 새의 지저귐까지도 실상에 깊이 통달한 것이 된다. 그렇기 때문에 보적 선사는 통곡하는 소리를 듣고 깨쳐 춤추고 기뻐하였으며, 보수 선사는 거리에서 치고받고 싸우는 것을 보고 참 면목을 깨쳤다.
이는 선과 교의 깊고 얕음을 밝힌 것이다.

밝은 구슬 손에 들고
이리 굴리고 저리 굴리고.

숲을 볼 것인가, 나무를 볼 것인가? 숲은 보지 못하고 나무만 붙들고 시비를 일삼는 이가 있다. 예컨대, 코끼리가 어떻게 생겼던가? 긴 코가 코끼린가, 통나무 같은 다리가 코끼린가, 커다란 몸통이 코끼린가, 가느다란 꼬리가 코끼린가?

코끼리를 전체적으로 보기 전까지는 긴 코는 코끼리가 아니다. 통나무 같은 다리도 코끼리가 아니다. 커다란 몸통도 코끼리가 아니다. 가느다란 꼬리도 코끼리가 아니다. 어느 한 부분을 잡아서 말하더라도 모두 코끼리가 아니다.

하지만 코끼리를 전체적으로 본 후에는 긴 코도 코끼리다. 통나무 같은 다리도 코끼리다. 커다란 몸통도 코끼리다. 가느다란 꼬리도 코끼리다. 어떤 부분을 잡아서 말해도 모두 다 코끼리다. 코끼리 아닌 것이 없다.

마조 도일馬祖道一의 법을 이은 반산 보적盤山寶積 선사는 어느 날 거리에 나가 장례식 행렬을 보게 되었다. 그때 상주가 슬피 우는 소리를 듣고 문득 깨쳤다. 남들은 통곡을 하는데 그는 혼자서 덩실덩실 춤을 추면서 기뻐했다.

또 보수寶壽 선사가 공부할 때, 하루는 방장화상이 그에게 물었다.

"부모가 낳기 전 너의 본래면목이 어떤 것이냐?"

그는 대답을 못 했다. 어느 날 거리에 나갔다가 웬 사람들이 주먹다짐을 하며 싸운 끝에 "참으로 면목이 없네" 하는 말을 듣고 크게 깨쳤다.

두 선사가 모두 길거리에서 깨친 것이다. 좌선을 하며 앉아 있다가 깨친 것도 아니요, 경전을 읽다가 깨친 것도 아니다.

단지 길거리에 나가서 다른 사람들을 구경하다가 깨친 것이다. 그렇다면 도대체 무엇을 깨친 것일까?

하나는 통곡하는 소리를 듣고 깨쳤고, 하나는 면목이 없다는 말을 듣고 깨쳤다. 통곡하는 소리와 면목이 없다는 소리에 어떤 공통점이 있을까? 둘 다 본래면목을 드러내는 표현일까? 숲을 보고 나면 본래면목 아닌 것이 없다. 숲을 보지 못하면 어떤 것도 본래면목이 아니다. 아직 본래면목을 보지 못했다면 어서 길거리에 나가 볼 일이다.

7

내가 한마디 할까 한다.
생각 끊고 연緣을 잊고
일없이 우뚝 앉아 있으니,
봄이 오매 풀이 저절로 푸르구나.

생각을 끊고 연을 잊었다는 것은 마음에서 얻은 것이다. 이른바 한가로운 도인이라. 오호라, 그 사람됨이 본래 연이 없고 애초에 일없어서 배고프면 밥을 먹고 고단하면 잠을 자네. 녹수청산에 마음대로 오가며 어촌과 주막에 자유자재로 한가하네. 세월과 나이를 알 바 아니건만, 봄이 오니 예전처럼 풀잎이 푸르구나.

이것은 특별히 한 생각 빛을 돌이킴을 기리는 것이다.

사람 없을까 했더니

거기 하나 있었구나.

회광반조廻光返照, 즉 빛을 돌려 돌이켜 비춘다는 말이다. 밖으로 향하는 마음을 안으로 돌이킨다는 의미다. 우리의 눈은 밖을 향해 바라보게 되어 있다. 그러다 보니 어느덧 마음마저 밖을 향하게 되었다. 결국 밖에서 주인을 찾고, 자신은 종노릇을 감수하게 된 것이다.

현대인의 가장 큰 고통은 비교함으로써 생기는 상대적 박탈

감이다. 예컨대 주변 사람들이 월급 200만 원을 받을 때에 자신은 300만 원을 받는 사람이 있다고 하자. 또 한편 다른 사람들이 500만 원을 받을 때 자신은 400만 원을 받는 사람이 있다고 하자. 누가 더 행복감을 느낄까? 실제로 400만 원을 받는 사람보다 300만 원을 받는 사람이 더 행복감을 느낀다고 한다. 왜 그럴까? 숫자상으로만 보자면 100만 원을 더 적게 받는다 해도, 주변 사람과 비교해서 더 많기 때문에 행복하다고 느낀다는 것이다.

이렇게 상대적 행복감, 상대적 박탈감을 느끼다 보니 까치발을 들고 살아가는 이가 부지기수다. 남보다 잘 살려고, 커 보이려고, 행복해 보이려고 무진 애를 쓴다. 그래서 겉으로는 상당히 행복해 보이는 이들도, 막상 그 속을 들여다보면 그렇지 못한 경우가 많다. 자신의 솔직한 마음을 털어놓을 수도, 어디 제대로 상담할 수도 없다. 까치발을 내려놓으면 훨씬 작아 보이고, 그렇게 되면 상대적 열등감이 더해지지 않을까, 걱정돼서이다.

얼마 전 친절하고 평온한 분위기의 택시기사를 만났다. 보통 택시를 급하게 모는 분들이 많은데, 그는 달랐다. 어쩐 일인지 궁금해 대화해 보니, 금세 의문이 풀렸다. 그도 한때는 남들처럼 부지런히 앞만 보고 달렸다고 한다. 그저 남들처럼 좀 더 열심히, 좀 더 잘 살고자 노력했던 것이다. 그러자니 신

경을 곤두세우고 조금이라도 남보다 앞서 가려고 마구 차를 몰았다. 그러던 어느 날 문득 어렸을 적 소원이 떠올랐다. 어렸을 적 그의 소원은 아주 소박했다. 하루 세끼 쌀밥에 고등어 반찬을 먹는 것. 그런데 돌이켜 보니 지금 이미 그 소원은 이루어져 있었다. 현재로서도 충분히 그 정도의 형편은 되었던 것이다. 그날부터 그는 욕심을 버리고 편안한 마음으로 운전에 임하게 되었고, 더불어 건강도 좋아졌다고 한다. 마음이 편안해지니 몸도 편안해지고, 주변 사람도 편안해진 것이다.

내가 안달하지 않아도 가을이 깊으면 낙엽이 지고 봄이 오면 저절로 풀이 푸르른 것이다.

8

교문教門에는 오직 일심법一心法을 전하고
선문禪門에는 오직 견성법見性法을 전한다.

註

마음은 거울의 바탕과 같고, 성품은 거울의 빛과 같다. 성품이란 저절로 청정한 것이므로 즉시 활연하면 곧 본마음을 얻는다.
여기서는 깨친 한 생각을 중요하게 보인 것이다.

첩첩이 쌓인 산과 물이여,
맑고 깨끗한 옛 가풍이로다.

마음(心)에 두 가지가 있는데, 하나는 본바탕 마음이고 다른 하나는 무명이 형상을 취하려는 마음이다. 성품性品에도 두 가지가 있다. 하나는 근본 법 성품이고 다른 하나는 성품과 형상이 상대적인 성품이다. 그러나 선을 익히는 이나 교법을 배우는 이들이 다 같이 어두워, 이름에 집착하고 알음알이를 내게 되어 얕은 것도 깊다 하고 깊은 것도 얕다 한다. 이것이 다 공부하는 데 큰 병통이 되므로 여기에서 가려 말한 것이다.

교문에서 말하는 일심은 중생심衆生心을 말한다. 우리 모두가 나날이 쓰고 있는 마음이다. 이 한마음에는 문이 두 개 있다. 진여眞如문과 생멸生滅문이다. 진여문은 진리에 합당한 자리, 즉 본마음 자리를 말한다. 생멸문은 다시 두 가지로 나뉜다. 마음자리와 몸자리이다. 그러므로 일심법은 본마음과 마음 그리고 몸을 모두 포괄한다. 중생은 하루에도 수십 번 혹은 수백 번씩 진여문을 열었다, 생멸문을 열었다 하면서 살아간다.

선문에서 말하는 견성법이란, 성품을 보는 것이다. 성품은 바로 본마음이다. 본마음은 닦는 것이 아니다. 아니, 닦으려 해도 닦을 수가 없다. 일찍이 오염된 적 없고 앞으로도 오염되지 않는 자리이기 때문이다. 예컨대 100만 원짜리 수표는 오염되고 더러워질 수 있다. 하지만 그렇다고 해서 100만 원의 가치가 사라지는 것이 아니다. 깨끗한 100만 원짜리 수표나 더럽혀진 100만 원짜리 수표나 똑같은 100만 원의 가치를 가진다. 그러므로 본마음은 단지 보면 되는 것이다.

몸과 마음을 닦는 수행을 말하는 이는 아직 성품의 문안에 들어오지 못한 것이다. 성품의 문안에 들어오게 되면 몸이니 마음이니 하는 것은 더 이상 닦을 대상이 아니다. 단지 쉬어줄 대상이다. 무엇을 쉬어주는가? 몸과 마음이 고정된 실체가 있다는 생각을 쉬어주어야 한다. 무언가 실체가 있어서 닦는 것이 아니라, 애당초 고정된 실체가 없음을 직시해야 한다. 설혹 닦는다 하더라도 이러한 점을 밑바탕에 깔고 닦아야 한다. 그것이 바로 닦을 것이 없되 닦는 것이다.

결국 중요한 것은 성품을 보는 것이다. 성품은 공空한 것이다. 텅 비어 있으므로 무엇으로든 채울 수 있다. 선인도 될 수 있고 악인도 될 수 있다. 부자도 될 수 있고 가난뱅이도 될 수 있다. 내가 선택한다. 내 작품이다.

얼마 전 대만 성지순례를 다녀왔다. 가오슝에서 타이베이로 오는 고속철에서 화장실을 찾았다. 그때 한 화장실 입구에 '사용중使用中'이라는 표시등이 켜져 있었고, 맞은편 화장실에는 '공空'이라는 표시등이 켜져 있었다. '공空'이라는 표시등이 켜진 화장실을 열고 들어가 볼일을 보면서 문득 이런 생각이 들었다.

'공空하므로 누구든 사용(用)할 수 있고, 사용(用)하면 누구든 공空해진다.'

비어 있어야 누구든 들어갈 수 있다. 그리고 일단 들어가서 제대로 볼일을 보고 나면 누구나 텅 비워진다. 이것이 바로 공에 대한 좋은 예가 아닐까?

9

그러나 부처님이 말씀하신 경전에서는
먼저 모든 법을 분별하고 나중에 필경 공空한
이치를 말씀하셨다. 조사들의 가르침은
자취가 생각에서 끊어지고
이치가 마음의 근원에서 드러났다.

註

부처님은 만대의 스승이므로 어디까지나 자세히 가르치셨고, 조사는 그 자리에서 곧 해탈케 하므로 뜻이 그윽이 통한다. 자취란 조사의 말 자취이고, 생각이란 공부하는 이의 생각이다.

아무리 허둥대더라도
팔이 밖으로 굽지는 않으리.

부처님의 가르침은 자세하다. 모든 이들의 스승으로서 각각의 경우에 따라 상세히 설하셨다. 하지만 조사의 가르침은 직설적이다. 바로 지금 여기서 내 앞의 사람에게 충실할 뿐이다.

도신道信이라는 사미가 삼조 승찬三祖僧璨 선사에게 절하면서 말했다.

"화상이시여, 자비를 베푸시어 해탈하는 법을 일러주소서."

선사가 답했다.

"누가 너를 묶었느냐?"

"아무도 결박하지 않았습니다."

대구 경북대학교 석조 비로자나불좌상

"그렇다면 무슨 해탈을 구하는가?"

도신이 그 말끝에 크게 깨달아 9년을 힘껏 모셨다.

이른바 언하대오言下大悟라고 하는 것이다. 한마디 한 구절이 금쪽같다. 자세한 설명도 없다. "누가 묶었느냐?" 촌철살인 같은 이 말 한마디로 충분하다.

6·25전쟁 당시 어떤 젊은이가 정신적 괴로움을 호소하며 어떤 스님을 찾았다. 그때 스님이 되물었다.

"전쟁하고 네 마음 괴로운 것이 무슨 상관이냐?"

"네에?"

이 젊은이는 전쟁이 일어나 주변에서 사람들이 죽어나가고 헐벗고 굶주리는 등 극심한 고통을 당하는 것을 목격하면서 삶의 고통을 실감했을 것이다. 그러므로 그 가운데 서 있는 자신 또한 괴롭다고 당연히 생각했으나 스님의 질문에 눈이 번쩍 뜨인 것이다.

조선 시대에 벽송 지엄碧松智嚴은 벽계 정심碧溪淨心 선사를 찾아가 가르침을 청하였다. 그런데 3년간 물 긷고 나무하는 등 열심히 시봉했건만 아무것도 가르침을 받지 못했다. 결국 걸망을 싸매고 그곳을 떠나려는데 스승이 자신을 불렀다. 부르는 소리에 뒤돌아보니 스승이 무언가를 던지는 시늉을 하면서 외쳤다.

"내 법을 받아랏!"

이 한마디에 벽송 지엄은 크게 깨쳤다고 한다. 받을 수도 줄 수도 없는 법을 어떻게 받은 것일까? 법을 청하였지만, 결국 그 법이 공함을 터득한 것일까?

"누가 묶었느냐?"
"전쟁하고 네 마음 괴로운 것이 무슨 상관이냐?"
"내 법을 받아랏!"

이 세 마디의 공통점이 무엇일까? 바로 지금 내 앞에 있는 사람의 결박을 충실하게 풀어준 것이 아닐까? 그렇더라도 결코 부처님 가르침에서 벗어난 것은 아니다. 일단 급한 불부터 끄고 보는 것이 순서다.

10

부처님은 활등같이 말씀하시고
조사들은 활줄같이 말씀하셨다.
부처님께서 걸림 없는 법을 말씀하셔서
한맛에 돌아가게 하셨다.
이 한맛의 자취마저 떨쳐버려야
비로소 조사가 보인 한마음을 드러낸다.
그러므로 '뜰 앞의 잣나무' 화두는
용궁의 장경에도 없다고 말한 것이다.

註

활등같이 말했다는 것은 구부러졌다는 뜻이고, 활줄같이 말했다는 것은 곧다는 뜻이다. 용궁의 장경이란 용궁에 모셔둔 대장경이다. 어떤 스님이 조주趙州 스님에게 물었다. "조사가 서쪽에서 온 뜻이 무엇입니까?" 이에 조주 스님이 대답했다. "뜰 앞의 잣나무니라." 이것이 이른바 격식 밖의 선지이다.

고기가 나아가니 물이 흐려지고
새가 날아가니 깃털이 떨어지는구나.

부처님께서는 완곡하고 자세하게 표현하셨지만, 조사들의 가르침은 직설적이다 못해 때론 파격적이다. 경허鏡虛 선사와 만공滿空 스님의 일화가 이를 잘 나타내준다.

어느 날 해 질 녘 경허 선사가 만공 스님을 데리고 탁발을 나갔다가 돌아오는 길이었다. 쌀자루의 짐은 몹시 무거웠고 갈 길은 아직도 까마득했다. 마침 어느 마을을 지나갈 때였다. 앞서가던 경허 선사가 머리에 물동이를 이고 가는 아낙네에게 느닷없이 달려들어 여인의 양쪽 귀를 잡고 입술에 번개같이 입을 맞췄다. 여인은 비명을 지르며 물동이를 떨어뜨렸고, 동네 사람들은 몽둥이를 들고 뛰쳐나왔다. 두 스님은 온 힘을 다해 필사적으로 도망쳐서 이윽고 마을을 한참 벗어나 절이 보이는 산길에 접어들었다. 경허 선사가 마침내 만공 스님에게 말했다.

"쌀자루가 무겁더냐?"

"아이고 스님, 무거운지 어떤지, 그 먼 길을 어떻게 달려왔는지도 모르겠습니다."

"그래, 내 재주가 어지간하지? 그러는 사이에 무거움도 잊고, 먼 길을 단숨에 지나왔으니 말이다."

이와 같은 격식 밖의 선지는 달마達磨 조사가 전한 것이다. 그렇다면 달마 조사가 서쪽 나라인 인도에서 중국으로 온 뜻이 무엇일까? 결국 중생의 고통을 덜어 안심케 하여 윤회에서 벗어나게 해주려는 것이 아니었을까? '고苦'가 어떻고, '윤회'가 어떻고, '해탈'이 어떠한 것이니, 고통에서 벗어나 안심을 얻으려면 이러쿵저러쿵해야 한다는 식의 설명은 활등처럼 돌아가는 것이다.

달마 조사의 방식은 활줄처럼 팽팽하다. 바로 지금 여기에서 괴로움을 호소하는 혜가慧可에게, "괴롭다고 하는 네 마음을 내놓아 보거라" 하고 직설적으로 추궁한다. 그런 점에서 조주 스님도 마찬가지다. '달마 조사가 서쪽에서 온 뜻'을 묻는 제자에게 "뜰 앞의 잣나무니라"라고 답한다. 왜 '뜰 앞의 잣나무'라 했을까? 달마 조사가 서쪽에서 온 뜻은 그만두고, 네 마음자리나 돌이켜 보라는 말인가? 아니면 바로 지금 뜰 앞의 잣나무가 진리를 설하고 있다는 말인가?

어째서 뜰 앞의 잣나무라 했을까?

11

그러므로 공부하는 이는
먼저 실다운 가르침으로
불변不變과 수연隨緣의 두 가지 이치가
내 마음의 성품과 형상이며,
돈오와 점수의 두 가지 문은
자기수행의 시작과 끝임을 자세히 가려야 한다.
그 뒤에는 교의 뜻을 버리고 오로지 현전일념으로
선지를 참구한다면 반드시 얻는 바가 있을 것이니,
이른바 출신활로出身活路니라.

註

상근대지는 더 말할 것 없지만, 중하근기는 함부로 건너뛰어서는 안 된다. 교의 뜻이란 불변 · 수연과 돈오 · 점수가 선후가 있다는 말이다. 선법이란 일념 가운데 불변 · 수연과 성상 · 체용이 본래 일시이므로, 곧 즉卽도 아니고 비非도 아니나, 즉卽도 되고 비非도 되는 것이다. 그러므로 종사는 법에 의거하여 말을 여의고 바로 일념을 가리켜서 성품을 보고 부처가 되게 하는 것이니, 교의 뜻을 버린다는 것이 바로 이것이다.

환히 밝은 때에 깊은 골에 구름 끼고
깊숙이 우거진 곳에 맑은 하늘 해가 떴네.

불변不變이란 변하지 않는다는 것이다. 성품은 변하지 않는다. 성품은 공空한 것이며, 정신적 · 물질적 존재가 아니기 때문에 변하지 않는다. 다만 존재를 존재하게 하는 가능성, 즉 순수에너지 그 자체다.

수연隨緣이란 연緣따라 변하는 것이다. 몸과 마음은 변한다. 어제의 내 몸과 오늘의 내 몸은 다르다. 오늘의 몸과 내일의 몸은 같은 몸이 아니다. 마음도 마찬가지로 변한다. 어제는 그토록 사랑했던 사람이 오늘은 얄미워진다. 오늘 그렇게 얄미운 사람이 내일은 얼마나 사랑스러울지 알 수 없다. 그래서 경전에서는 누누이 몸은 물거품과 같고 마음은 아지랑이와 같다고 말한다.

그러므로 몸과 마음을 계속해서 닦아주어야 한다. 어제 닦았다 해서 오늘 안 닦아주면 금방 오염된다. 오늘 닦았다 해서 내일 안 닦아주면 다시 더러워진다. 하지만 성품은 닦아주는 것이 아니다. 아니 닦으려 해도 닦을 수가 없는 것이다. 성품을 닦는다는 것은 마치 투명하기 짝이 없는 유리창을 닦겠다고 걸레를 들고 설치는 것과 마찬가지다. 그럴수록 오히려 본성자리에서 멀어진다.

성품은 그저 보기만 하면 된다. 그러므로 단박에 가능한 것이다. 성품이 공하다는 것을 단박에 보고, 그 공한 자리를 어떻게 채울 것인가는 자신의 마음가짐에 달려 있음을 알아야 한다. 선으로 채울 것인가, 악으로 채울 것인가, 내가 결정한다. 내 작품이다. 그러므로 바로 지금 여기에서 이 모습도 바로 내 작품에 다름 아닌 것이다.

내 작품이라고 확신해야 내가 고칠 수 있다. 부처님 작품이거나 신의 작품이라고 한다면, 나는 감히 고칠 수 없을 것이다. 다만 할 수 있는 것은 고쳐달라고 구걸하는 것뿐! 하지만 내 작품이므로 내가 고칠 수 있다. 고정된 실체로서의 '나'는 없기 때문에 어떠한 '나'도 만들 수 있고, 텅 비었기 때문에 무엇으로든 채울 수 있다.

결국 성품은 디지털식으로 단박에 보아야 하며, 몸과 마음은 아날로그식으로 꾸준히 닦아주어야 한다.

12

대저 배우는 이들은 모름지기
활구活句를 참구할지언정
사구死句를 참구하지 말아야 한다.

註

활구에서 얻어내면 부처나 조사의 스승이 될 만하고, 사구에서 얻는다면 자기 자신도 구하지 못할 것이다. 이 아래는 특히 활구를 들어 스스로 깨쳐 들어가게 하는 것이다.

임제를 친견하려면
쇠뭉치로 된 놈이라야 한다.

화두에는 참구參句와 참의參意 두 가지 문이 있다. 참구는 경절문徑截門 활구이니, 마음길이 끊어지고 말길도 끊어져서 더듬고 만질 수 없기 때문이다. 참의는 원돈문圓頓門 사구이니, 이치의 길도 있고 말의 길도 있으며 들어서 알고 생각할 수 있기 때문이다.

활구는 살아 있는 화두이고, 사구는 죽은 화두이다. 과연 무엇이 살아 있는 것이고 무엇이 죽은 것일까? 화두에 살아 있는 글귀가 따로 있고, 죽은 글귀가 따로 있을까?

부처님 당시 장사꾼들이 바다를 항해하다가 도중에 배가 침몰하였다. 이때 유일한 생존자인 바히야는 나무판자를 붙들고 표류하다가 작은 항구에 닿게 되었다. 그는 옷이 없었으므로 붙들고 온 나무판자로 몸을 가리고 그릇 하나를 든 채 많은 사람들이 다니는 장소에 앉아 있었다. 그러자 많은 사람들이 그에게 쌀이나 죽 따위를 가져다주었다. 어떤 사람들은 그가 혹시 아라한이 아닐까 생각하였고, 어떤 사람들은 옷을 가져다주기도 했다.

바히야는 옷을 입으면 사람들이 그에게 돈이나 음식을 바치지 않으리라 생각하여 옷 입는 것을 거절하였다. 이런 일이 계속되는 동안 그는 마침내 자기가 아라한이라고 착각하게 되었다. 이럴 즈음 대범천은 과거 전생에 자기 친구였던 바히야에게 잘못을 충고하였고, 바히야는 스스로 아라한이 아님을 인정하지만 지금 이 세상 어디에 아라한의 경지에 이른 사람이 있겠냐고 반문한다.

그 말을 받아 대범천은 사왓티에 고타마 붓다가 계시는데, 그분은 진정한 아라한이며 완전한 깨달음을 성취한 분이라고 가르쳐주었다. 대범천의 도움으로 먼 길을 단숨에 달려온 바히야는 때마침 탁발 중이던 부처님께 간절히 설법을 청하였다. 그래서 부처님께서는 하는 수 없이 서신 채로 설법을 하시게 되었다.

"바히야여, 네가 어떤 것을 볼 때 네 마음을 보고 있는 그 자체에 집중하고 그것을 분명히 인식하여라. 또 네가 어떤 소리를 들을 때에도 듣는 그 자체에 마음을 집중시키고 분명히 그것을 인식하여라……. 그렇게 하면서도 그것들이 다 마음의 대상일 뿐임을 알아 거기에 어떤 분별을 일으키지 말고 애착하거나 싫어하지도 말아야 하느니라."

이러한 법문을 듣자마자 바히야는 즉시 아라한과를 성취하였다. 생사의 경계에서 간신히 홀로 살아남은 그에게 '볼 때 볼 뿐, 들을 때 들을 뿐!' 이 한마디가 그대로 경절문 활구였던 것이다.

똑같은 법문을 보고 듣는 다른 이들은 왜 즉시 아라한이 되지 못할까?

13

무릇 본래 참구하는 공안에 대하여
간절한 마음으로 공부하되, 마치 닭이 알을 품듯이,
고양이가 쥐 잡듯이, 배고픈 이 밥 찾듯이,
목마른 이 물 찾듯이, 어린아이 엄마 생각하듯이
하면 반드시 꿰뚫을 시기가 있으리라.

註

조사들의 공안이 천칠백 가지나 있는데, '개가 불성이 없다'든지 '뜰 앞에 잣나무'라든지 '삼 서근'과 '마른 똥 막대기' 같은 것들이다.

닭이 알을 품을 때는 더운 기운이 서로 이어지도록 하며, 고양이가 쥐를 잡으려면 마음과 눈이 움직이지 아니한다. 주릴 때에 밥 생각하는 것과, 목마를 때 물 생각하는 것, 어린애가 엄마 생각하는 것 등은 모두 진심에서 나온 것이며, 일부러 짓는 마음이 아니다. 그러므로 간절하다고 하는 것이니, 참선에 이렇게 간절한 마음가짐이 없다면 꿰뚫을 수가 없다.

몇 년 전, 인도 배낭여행을 하면서 사막 사파리 체험을 한 적이 있었다. 낙타를 타고 사막을 천천히 걸어가는데 사방에 보이는 것이라고는 모래사막뿐이었다. 다만 길을 가면서 여기저기 커다란 동물의 시체들이 눈에 띄었다. 이제 막 죽은 동물은 물론, 반쯤 썩거나 뼈만 남은 것 등 다양한 시체들을 볼 수 있었다. 그런데 이상하게도 전혀 징그럽다든가 추하다든가 하는 생각이 들지 않았다. 그냥 자연현상의 하나로 담담하게 받아들여질 뿐!

아울러 사방에 오직 모래사막만 보이는 곳에 있으니, 생각이 저절로 쉬어짐을 느낄 수 있었다. 견물생심見物生心이라는 말이 맞는가 보다. 이것저것 눈에 보일 때는 갖고 싶은 것도 하고 싶은 것도 많았는데, 사방에 오직 모래사막만 펼쳐져 있으니 의외로 마음이 담담해졌다. 특별히 눈에 보이는 것이 없어서일까. 그냥 아무런 욕심도 잡념도 나지 않고, 오히려 평화로움이 밀려왔다. 낮에는 종일 낙타를 타고, 밤에는 모래사막 위에 침낭을 펴고 들어가 잤다. 지붕이 따로 없으니 당연 밤하늘의 별이 초롱초롱 눈앞에 펼쳐졌다. 밤하늘에 별이 그렇게 많은 줄 처음으로 알게 되었다.

생각나는 것은 오직 시원한 물뿐이었다. 물론 식수로 준비해간 물은 있었지만, 사막의 열기 때문에 온통 뜨뜻미지근하기만 했다. 마시고 또 마셔도 시원함이 느껴지지 않았다. 문득 성가시도록 호객 행위를 하던 아이들이 그리웠다. 시원하다 못해 아예 얼어버린 물병을 들이대며 사라고 권하던 눈이 초롱초롱한 아이들을 왜 뿌리쳤던가? 아, 시원한 물 한 모금 마셔봤으면…… 물, 물, 물…….

사막에서 그렇게 물이 간절했던 것처럼, 화두 참구는 왜 이렇게 간절히 안 되는 것일까?

부처님께서 한 사문에게 물으셨다.

"사람의 목숨이 얼마간에 달렸느냐?"

경북 안동 이천동 마애불입상

"며칠 사이에 달렸습니다."
"너는 도를 모르는구나."
다른 사문에게 물으니 답했다.
"밥 먹는 동안에 달려 있습니다."
"너도 도를 모르는구나."
또 다른 사문에게 물으니 답했다.
"한 호흡 간에 달려 있습니다."
"그렇다. 네가 도를 아는구나."

14

참선하는 데는 모름지기 세 가지 요건을
갖추어야 하나니 첫째는 큰 신심이요,
둘째는 큰 분심이요, 셋째는 큰 의심이다.
만약 이 중에서 하나라도 빠진다면,
마치 다리 부러진 솥과 같아서
소용없는 물건이 되리라.

註

부처님께서는 "성불하는 데에는 믿음이 근본이 된다"고 말씀하셨으며, 영가永嘉 스님은 "도를 닦는 이는 먼저 모름지기 뜻을 세워야 한다"고 하였다. 몽산蒙山 스님은 "참선하는 이가 화두를 의심하지 않는 것이 큰 병 된다", "크게 의심하는 데서 크게 깨친다"고 하였다.

참선의 세 가지 요건은 대신심大信心, 대분심大憤心, 대의심大疑心이다. 이것은 세 발 달린 솥과 같아서 하나라도 결여되면 솥단지가 제 역할을 할 수 없는 것과 마찬가지다. 그런데 이 삼요三要는 결국 삼독三毒을 전환시킴에 다름 아니다. 탐욕은 대신심으로, 성냄은 대분심으로, 어리석음은 대의심으로 전환시키는 것이다.

본래 탐욕은 자기 자신 혹은 가족을 위한 욕심에서 기인한다. 좀 더 잘 먹고 잘 살고 명예롭고 장수하기를 추구한다. 하지만 초점을 돌이켜 놓으면 큰 신심으로 바뀐다. 일체중생을 제도하리라는 욕심, 머무는 바 없이 베풀리라는 욕심, 불보살님을 친견하고자 하는 욕심, 법륜을 굴리고자 하는 욕심 등으로 전환할 때 더 이상 욕심이 아니다. 큰 신심으로 탈바꿈하는 것이다.

성냄도 마찬가지다. 대체로 남의 허물을 잘 보기 때문에 성을 잘 내게 된다. 선先은 이렇고 후後는 이런데 너는 왜 이런 태도를 취하느냐는 식이다. 이렇게 성을 잘 내는 이들은 대체로 순간적인 판단력이 뛰어난 경우가 많다. 순발력이 있기 때문에 남의 허물을 순간적으로 꿰뚫어보고 속사포처럼 퍼부어대는 것이다. 하지만 성냄의 대상을 전환하여 자신의 허물을 보게 되면, 크게 분발하는 마음으로 바뀌게 된다. 수많은 사람들이 부처도 되고 보살도 되고 조사도 되는데 나는 왜 안 될까, 나도 한번 해보리라, 하고 분발하게 되는 것이다.

뜨문뜨문한 사람은 성을 잘 내지 않는다. 아니, 때로는 남에게 퍼부어대려 해도 순발력이 따라와주질 않는다. 바야흐로 언쟁하던 자리를 떠나서 집에 도착하거나, 하룻밤 자고 나야 비로소 앞선 상황에서 화를 내거나 어떤 말을 해주어야 했었는데, 하는 생각이 든다. 더불어 큰 욕심도 없다. 하지만 이런 사람들은 꾸준함을 갖추고 있다. 마치 뚝심 있는 소처럼 뚜벅뚜벅 자신만의 길을 간다. 화두 하나 붙잡으면 좌우를 돌아보거나 남의 말에 귀 기울이지 않고 그저 자기의 길을 묵묵히 걸어가서 결국은 일을 성취해내는 경우가 많다. 무릇 큰 의심은 확고히 모르는 데서 나오는 것이다.

이와 같이 삼독을 삼요로 전환시킬 때, 삼독이 저절로 희석 된다. 사실 중생의 습기習氣인 삼독 그 자체를 아예 없애기는 쉽지 않다. 이것들은 수많은 세월을 연습해온 습관적 에너지이기 때문이다. 그러므로 삼독 에너지를 완전히 없애고자 노력하기보다는 차라리 방향을 전환시켜 자신의 단점을 장점으로 만들고자 노력하는 것이 훨씬 수월하지 않을까?

15

일상생활 중에 무슨 일을 하면서든
오직 '어째서 개에게 불성이 없다고 했을까?'라고
한 화두를 끊임없이 들어, 이치의 길이 끊어지고
뜻 길이 사라져 아무 맛도 없어지고
마음이 답답할 때가 바로 그 사람의
몸과 목숨을 내던질 곳이며,
또한 부처가 되고 조사가 될 대목이다.

註

어떤 스님이 조주 스님에게 "개에게도 불성이 있습니까?" 하고 물었더니, 조주 스님은 "없다"고 답했다. 이 한마디는 우리 종문의 한 관문이며, 온갖 못된 지견과 그릇된 알음알이를 꺾어 버리는 연장이다. 또한 모든 부처님의 면목이고 조사들의 골수이다. 이 관문을 뚫고 나간 후에야 비로소 부처나 조사가 될 수 있다. 옛 어른은 이렇게 읊었다.

조주의 무서운 칼, 서릿발처럼 번쩍이네.
무어라 물을 텐가, 몸뚱이가 두 동강 나리.

더 이상 닦을 것도 깨칠 것도 없이 본래 그대로가 부처라는 것이 조사선祖師禪의 입장이다. 하지만 이러한 조사선의 경지에 진입하기 위해서는 반드시 관문을 통과하여야 한다. 관문을 통과하지도 않고서 본래 부처라느니, 제거할 망상도 없고 진리를 구할 것도 없다느니 하는 것은 고목사선枯木邪禪에 불과하다. 따라서 참선을 통해 조사관祖師觀을 뚫어야 하며, 묘한 깨침을 통해 마음길이 끊어져 다하여야 하는 것이다. 그리고 그 조사관이란 다름 아닌 무자공안無字公案인 것이다. 즉 무자無字라는 조사관을 통과하기 위해서는 온몸으로 의심덩어리를 지어 나가야 한다. 그리하여 마침내는 몸조차 없는 듯 잊은 듯 '안팎이 한 조각을 이루어 나가도록' 화두삼매에 드는 것이 올바른 방법일 것이다.

그러므로 화두를 드는 것은 간절한 의심을 갖되 '머리'로 해서는 안 되는 것이다. 번뇌 망상을 배에 맡기고 화두에 맡겨야 한다. 그리하여 일체 처에 무심하면, 차별 경계가 스스로 없어지는 것이다. 화두에 모든 것을 맡겨버려 잡을 곳도 없고 재미도 없어서〔沒巴鼻 無滋味〕 뱃속이 고민할 때가 문득, 이 좋은 시절인 것이다.

이와 같이 화두는 처음부터 의심을 지어 나가도록 해야 한다. 의심을 지어 나가는 요령에서도 또한 우선은 화두 전체를 들어서 챙기고, '도대체 일체중생이 다 불성이 있다고 하셨거늘, 조주는 무엇을 인因하여 무無라 일렀을까?', '어째서 무라 했을까?', '어째서?', '왜?', '?' 하는 식으로 지어 나가는 것이다.

이와 같은 방식으로 마치 귀중한 물건을 잃어버리고 '도대체 어디에다 두었을까?' 하고 의심하고 의심해 나가듯이 의심을 지어 나가는 것이다. 다만 염念하는 것과 의심해 나가는 것과는 커다란 차이가 있다. 어떤 일에 대하여 골똘히 의심하고 의심할 때, 혼침과 도거는 자연스레 사라지고 성성하고도 적적한 경지가 저절로 다가온다. 그래도 화두가 잘 들리지 않으면 다시 화두를 처음부터 끝 구절까지 들어서 수미일관하게 하고 다시 의심을 지어 나가되, 그래도 쉽사리 마음이 안정되지 않는다면 포단에서 내려와 한동안 거니는 것도 무방할 것이다.

16

화두를 들어 일으키는 곳에서 알아맞히려
하지도 말고, 생각으로 헤아리지도 말며,
또한 깨닫기를 기다리지도 말라.
더 생각할 수 없는 데까지 나아가 생각하면
마음이 더 갈 곳이 없어, 마치 늙은 쥐가
쇠뿔 속으로 들어가다가 잡히듯 할 것이다.
이러쿵저러쿵 따져보는 것이 식정이고,
생사를 따라 굴러다니는 것이 식정이며,
무서워하고 갈팡질팡하는 것도 또한 식정이다.
요즘 사람들은 이 병통을 알지 못하고,
다만 이 속에서 부침을 거듭한다.

註

화두를 참구하는 데 열 가지 병이 있다. 분별로써 헤아리는 것과, 눈썹을 오르내리고 눈을 끔적거리는 곳을 붙잡고 있는 것과, 말의 길에서 살림살이를 짓는 것과, 글에서 끌어다 증거를 삼으려는 것과, 들어 일으키는 곳에서 알아맞히려는 것과, 모든 것을 다 날려버리고 일없는 곳에 들어앉아 있는 것과, 있다는 것이나 없다는 것으로 아는 것과, 참으로 없다는 것으로 아는 것과, 도리가 그렇거니 하는 알음알이를 짓는 것과, 조급하게 깨치기를 기다리는 것들이다. 이 열 가지 병을 여의고, 오직 화두를 들 때 정신을 차려 '이 뭐꼬?' 하고만 의심할 일이다.

중국에서는 과거에 쥐를 잡는 데 물소의 뿔을 사용했다고 한다. 물소의 뿔은 제법 길기 때문에 그 안에 기름을 칠하고 땅속에 세워 묻으면, 쥐가 냄새를 맡고 그 안으로 살금살금 기어들어 가기 마련이다. 한번 들어간 쥐는 다시 돌아 나올 수가 없으므로 그대로 처박혀 잡힐 수밖에 없다. 화두를 드는 것도 이와 마찬가지로 오직 하나의 화두를 잡고 더 이상 사량할 수 없는 곳까지 나아가 막다른 길에서 마음이 꽉 막혀 '도대체 이것이 무엇인가?' 하고 의심해야 한다는 것이다.

석존 당시에 에꾸다나 비구는 사왓티 근처의 숲속에서 조용히 수도하며 혼자 살아가고 있었다. 그는 매달 초하루와 보름날 자기가 잘 이해하고 있는 게송 하나를 환희심에 넘쳐서 읊었는데, 사람들은 거의 모이지 않고 숲속의 목신들만이 그의 게송을 듣고 크게 칭찬하면서 우레와 같은 박수를 보내주었다.

어느 보름날 강사 비구 두 사람이 각각 오백 명의 제자들을 거느리고 그가 머무는 숲에 도착했다. 그러자 에꾸다나 비구는 특히 이곳에는 많은 보호신들이 있어서 어떤 법문이든지 즐겨 듣고 환희심을 내어 박수를 치며 칭찬해준다면서 그들에게 법문을 요청했다. 그래서 두 강사 비구가 강의를 진행했지만, 설법이 끝나도록 아무런 찬탄의 소리도 들리지 않았다. 결국 에꾸다나 비구는 자신의 말을 입증하기 위해 법상에 올랐고, 자신이 아는 단 한 편의 게송을 아주 장엄하게 읊었다. 그러자 과연 숲속의 보호신들이 일제히 우레와 같은 박수를 보내오는 것이 아닌가? 두 강사 비구와 제자들이 부처님을 찾아뵙고 이 같은 사실을 말씀드리자 부처님께서는 이렇게 말씀하셨다.

"비록 적게 듣고 적게 배웠더라도 담마(法)를 바르게 이해하고 행동하며 마음이 집중되어 있어야 담마를 잘 설하는 사람이라 한다."

하나의 게송, 하나의 화두에 몰입해서 완전히 하나가 되는 것이야말로 진정한 수행이다.

17

이 일은 마치 모기가
무쇠로 이루어진 소에게 덤벼드는 것과 같아서,
함부로 주둥이를 댈 수 없는 곳에
목숨을 떼어놓고 한 번 뚫어보면
몸뚱이째로 들어갈 것이다.

註

앞에 말한 뜻을 거듭 다져 활구를 참구하는 이가 뒷걸음치지 않도록 하려는 것이다. 옛 어른이 이르기를, "참선은 조사관을 뚫어야 하고, 오묘한 깨침은 마음길을 끊어야 한다"고 했다.

'설은 것은 익게 하고, 익은 것은 설게 하라'는 말이 있다. 낯설고 모르는 것은 익숙하게 하고, 익숙한 것은 낯설게 하라는 의미다. 무엇이 익은 것일까? 문제를 사량 분별로써 해결하려 드는 것이다. 옳으니 그르니, 선하니 악하니, 좋으니 싫으니, 남의 이야기를 늘어놓는 것이 익은 일이다.

그렇다면 무엇이 설은 일일까? 일체의 분별을 쉬고 자신의 허물을 돌이켜 보는 것이다. 실로 모기가 무쇠 소에게 덤비는 것이 설은 일이다. 어디를 어떻게 뚫어야 할지 난감하기만 하다. 말로 이러쿵저러쿵해서는 결코 해결될 일이 아니다. 목숨을 떼어놓고 마음길이 끊어지도록 참구해야 비로소 문안의 소식을 접할 수 있다.

부처님 당시 바라나시의 큰 상인인 마하다나는 수레 오백 대에 옷감을 비롯한 갖가지 상품을 잔뜩 싣고 사왓티에서 열리는 축제에 가서 물건을 팔아 큰 재미를 보았다. 그는 한 번 더

재미를 보려고 부지런히 바라나시로 되돌아가서 물건을 떼어 두 번째로 사왓티로 향했다. 그런데 사왓티 근처의 강에 도착했을 때 큰비로 강물이 불어서 강을 건널 수 없었고, 축제가 거의 다 끝날 즈음에야 비가 그쳤다. 그러자 그는 "사왓티에 계속 머무르다 다음 축제가 열리면 이 물건을 팔 것"이라고 사람들에게 말했다.

이때 부처님께서 탁발을 다녀오시다가 상인의 그러한 생각을 아시고는 미소를 지으시며 아난다에게 말씀하셨다.

"아난다여, 저 상인은 자기가 앞으로 이레 안에 죽는다는 것을 까마득히 모르고 있구나. 그는 해야 할 일이 있으면 망설이지 말고 지금 하는 것이 옳으리라. 아난다여, 중생은 죽음의 왕과 '나는 어느 날 죽겠습니다' 하고 날짜를 약속한 일이 없느니라. 그러므로 마땅히 마음을 집중하기 위해 밤낮으로 열심히 노력해야 한다. 무릇 자신의 몸과 마음에서 일어나고 사라지는 모든 현상을 면밀하게 관찰하여 마음이 일념으로 집중된 사람은 한순간일지라도 망상에 방해받지 않고 평화롭게 살아갈 수 있느니라."

아난다는 부처님의 말씀을 그 상인에게 전하고, 당신의 수명이 이제 얼마 남지 않았으니 지금부터라도 태만하지 말고 열심히 수행에 매진해보라고 권했다. 상인은 소스라치게 놀라 그 다음 날부터 이레 동안 부처님과 비구들에게 공양을 올리고 설법을 들으며, 마음 집중 수행도 열심히 했다. 그렇게 하기를 칠 일, 마침내 상인 마하다나는 수다원과를 성취했다. 그리고 자기가 머무는 곳에서 죽었고, 즉시 도솔천에 태어났다.

내가 만약 일주일 후에 죽는다면, 지금 나는 무엇을 할 것인가?

18

공부는 거문고 줄을 고르듯 하여
팽팽하고 느슨함이 알맞아야 하니,
너무 애쓰면 병나기 쉽고
잊어버리면 무명에 떨어지게 된다.
성성하고 역력하게 하면서도
미세하게 끊임없이 하여야 한다.

註

거문고를 타는 자가 말하기를, "거문고 줄의 느슨하고 팽팽함이 알맞은 뒤에라야 아름다운 소리가 잘 난다"고 한다. 공부하는 것도 이와 같아서 조급히 하면 혈기가 고르지 못한 병이 나고, 잊어버리면 흐리멍덩하여 귀신의 굴로 들어가게 된다. 느리지도 않고 빠르지도 않게 되면 오묘함이 그 가운데 있을 것이다.

선방에 다니다 보면 의외로 환자가 많은 것에 놀란다. 나름대로 수행에 용을 쓰며 장시간 앉아 있다 보니 가벼운 두통은 기본이고 소화불량, 변비, 관절염이나 허리 통증을 비롯해서 당뇨까지 다양한 증세로 고생하는 분이 제법 있다. 필자도 한때 상기上氣병으로 고생한 적도 있고, 뿌리째 아픈 치통으로 이 닦기조차 어려운 적도 있었다. 공부하는 데 완급을 조절하기가 그만큼 쉽지 않다는 얘기다.

부처님 당시에 소나라는 비구가 있었다. 그는 밤에도 자지 않고 늘 열심히 정진했으나 깨치지 못하자 비관을 했다. '이럴 바에야 차라리 환속해 재가자로 있으면서 복이나 짓는 것이 낫지 않을까?' 생각할 때, 이를 아신 부처님께서 소나를 불러 물었다.

"네가 집에 있을 때 거문고를 타본 일이 있느냐?"

"네, 그렇습니다."

"그럼 그 줄을 너무 죄면 소리가 어떻더냐?"

"소리가 끊어집니다."

"그렇다면 너무 늦추면 소리가 어떠하냐?"

"그때는 소리가 나질 않습니다. 줄을 알맞게 골라야 소리가 제대로 나옵니다."

"그렇다. 정진도 그와 같이 해야 한다. 너무 조급히 하면 들떠서 병이 나기 쉽고, 너무 느슨하게 하면 게으름에 빠지게 된다. 그러므로 너무 집착하지도 말고 너무 게으르지도 않게 꾸준히 힘써 닦도록 하여라."

소나는 이와 같은 부처님의 가르침을 듣고, 이날부터 거문고 줄을 고르듯이 정진하여 마침내 아라한과를 증득했다.

'사가이면면 불가이근근斯可以綿綿 不可以勤勤'이라는 말이 있다. 이 일은 마치 실이 이어지듯 꾸준히 해야 하며, 너무 부지런을 떨어도 안 된다는 것이다. 물론 부지런히 하는 것은 좋은 일이다. 하지만 지나치게 부지런을 떨다 보면 부작용이 생겨난다. 마음공부를 마치 고시공부하듯이 몇 년 안에 마치겠다든가, 로또 당첨되듯이 어디서 문득 얻기를 기대하는 것은 제대로 된 공부가 아니다. 기와지붕에서 낙숫물 떨어지듯, 가랑비

경북 경주 남산 미륵곡 석불좌상

에 옷 젖듯, 콩나물에 물 주듯 꾸준히 하는 것이 중요하다. 콩나물시루에 물을 부으면 일순간 죄다 빠져나가는 듯싶지만, 그럼에도 콩나물은 서서히 자라난다. 이와 마찬가지로 부처님의 가르침도 꾸준히 반복하고 새겨서 자기 것으로 만들어가는 것이 중요하다. 한 방에 '꽝' 터지기를 기다려서는 안 된다.

19

공부가 걸어가면서도 걷는 줄 모르고
앉아도 앉는 줄 모르면, 이때 팔만사천 마군의
무리가 육근의 문 앞에 지키고 있다가
마음을 따라 들고 일어날 것이다.
그러나 마음이 움직이지 않는다면
무슨 상관이 있겠는가?

마군이란 생사를 좋아하는 귀신의 이름이고, 팔만사천 마군이란 중생의 팔만사천 번뇌이다. 마魔는 본래 종자가 없는 것으로 수행자가 바른 생각을 놓는 데서 그 원천이 된다. 중생은 그 환경에 순종하므로 탈이 없고, 수행인은 그 환경에 거스르므로 마가 대든다. 그래서 '도가 높을수록 마가 억세어간다'는 것이다. 선정禪定 중에 상주를 보고 제 다리를 찍으며, 또는 돼지를 보고 제 코를 붙잡기도 하는 것은 모두 자기 마음에서 망상을 일으켜 외부의 마를 본 때문이다. 그러나 마음이 움직이지 않는다면 마의 여러 재주일지라도 마치 칼로 물을 베려거나 빛을 불어버리려는 격이 되고 말 것이다. 옛말에 '벽에 틈이 생기면 바람이 들어오고, 마음에 틈이 생기면 마가 들어온다'고 했다.

옛날 어떤 스님이 좌선을 하는데, 상복을 입은 사람이 송장을 메고 와서 "네가 우리 어머니를 왜 죽였느냐?" 하며 달려들었다. 옥신각신 시비 끝에 스님이 도끼로 그 상주를 내려쳤는데, 도리어 자기 다리에서 피가 흘렀다고 한다. 또 어떤 스님이 공부하고 있는데, 멧돼지가 쫓아와 대들기에 그 코를 붙잡고 소리치다가 정신을 차려 보니 자기 코를 잡고 있었다고 한다. 이런 일들은 모두 제 마음에 틈이 생겨 마가 들어온 것이다.

한편 서천 제5조인 우바국타 존자는 마왕 파순을 항복시키고 불자로 귀의시켰다고 한다. 당시 우바국타 존자가 수많은 사람을 교화하니까 마왕 파순이 악마의 궁전이 텅 비게 될까 걱정했다. 그래서 우바국타 존자가 삼매에 들어 있을 때, 사람 · 개 · 뱀의 송장으로 만든 목걸이를 그의 목에 걸어두고 갔다. 그런데 존자는 전혀 동요하지 않고 "네가 나한테 좋은 목걸이를 주었으니, 내가 꽃으로 만든 목걸이를 보답하겠다" 하고 파순의 목에 꽃으로 만든 목걸이를 걸어줬는데, 받고 나서 보니까 세 가지 냄새 나는 시체로 변해서 구더기가 우글거렸다.

파순이 자기의 신통력으로 목걸이를 벗으려고 해도 벗겨지지 않자, 천상에 올라가서 천왕에게 풀어달라고 청했지만 존자는 "십력의 제자들이 부린 신통을 우리 같은 범속한 이가 어찌 풀 수 있겠는가?"라고 답하였다. 결국 파순이 존자의 발에 예배하고 참회했다. 존자는 앞으로 여래의 바른 법을 방해하지 않고 악을 끊겠다는 파순에게, 그렇다면 네 입으로 삼보에 귀의함을 외치라 하였다. 마왕 파순이 합장하고 '귀의불 양족존歸依佛 兩足尊, 귀의법 이욕존歸依法 離欲尊, 귀의승 중중존歸依僧 衆中尊'을 크게 외치자 목걸이가 사라져버렸다.

거룩한 부처님께 귀의합니다.
거룩한 가르침에 귀의합니다.
거룩한 스님들께 귀의합니다.

삼귀의를 하는 것만으로도 마왕 또는 마귀, 악마의 해침에서 벗어날 수 있다. 어려운 일이 있거나 이상하고 섬뜩한 느낌이 들 때 얼른 삼보에 귀의하기만 해도 거기에서 벗어날 수 있다.

20

일어나는 마음은 천마天魔이고
일지 않는 마음은 음마陰魔이며,
일기도 하고 일지 않기도 하는 것은
번뇌마煩惱魔이다.
그러나 우리 바른 법 가운데에는
본래 그런 일이 없다.

註

대체로 무심한 것이 불도이고, 분별하는 것은 마의 일이다. 마의 일이란 꿈속 일인데 더 길게 말할 것이 무엇이랴.

『능엄경楞嚴經』「변마장辨魔障」에는 선정 가운데 나타나는 마구니의 경계에 대해서 자세히 풀이하고 있다. 대략 쉰 가지 종류의 경계가 있는데, 바로 오온五蘊인 색色·수受·상想·행行·식識 각각에 열 가지 종류의 경계가 나타나므로, 합하여서 쉰 가지가 되는 것이다.

따라서 무아를 향한 수행이란 다름 아닌 이러한 오온의 쌓임을 놓아가는 과정이다. 선정을 닦다 보면 오온이 하나씩 녹아내린다. 먼저 색온이 녹아내리고, 수온, 상온, 행온, 식온의 순서로 차츰 녹아내려 마침내 무아법에 통달하게 된다. 하지만 각각의 온이 녹아내릴 때마다 마구니의 경계가 나타날 수 있으므로 조심하지 않으면 안 된다. 예컨대 색온과 수온이 녹아내린 다음, 상온에서 생겨나는 열 가지 장애 가운데 하나로 다음과 같은 내용이 있다.

"아난아, 또 저 선남자가 수음이 비고 오묘해져서 삿된 생각을 만나지 아니하고 원만한 선정이 환하게 열린 삼마지三摩地

가운데 마음속으로 방탕하게 놀기를 좋아하여 정밀한 생각을 날려 사방 돌아다니기를 탐하고 구하면, 그때 천마가 그 틈을 기다리고 있다가 정기를 날려 사람에게 붙어서 경전의 이치를 설하게 할 것이다.

그 사람은 혼미하여 마구니가 붙은 줄은 전연 알지 못하고 스스로 '최상의 열반을 얻었다'고 말하며, 놀기를 구하는 선남자에게 와서 자리를 펴고 설법할 적에 자신의 모습은 변함이 없으나 그 설법을 듣는 사람에게는 문득 자신이 보배로운 연꽃에 앉아서 온몸이 자금광 덩어리로 변화하는 것을 보이면 온 청중이 각각 그렇게 여겨 일찍이 없었던 일을 얻었다고 하리니, 이 사람이 어리석고 혼미해서 보살인 줄 착각하고 그 마음이 음일하게 되어서 부처님의 계율을 깨뜨리고 몰래 탐욕을 행할 것이다.

입으로 모든 부처님이 세상에 응화하였다고 말하기를 좋아하되, 어느 곳의 아무개는 어느 부처님의 화신으로 이 세상에 온 것이며, 아무개는 보살이 인간으로 변화하여 왔다고 하면 그 사람이 직접 보았기 때문에 애타게 쏠리는 마음이 생겨서 삿된 소견을 가만히 일으켜서 지혜의 씨앗마저 사라지게 되리라.

이를 가뭄 귀신이라고 이름하나니, 나이 들어 마구니가 되어서 그 사람을 괴롭히다가 싫증이 나서 그 사람의 몸을 떠나면 제자와 스승이 함께 관청의 옥사에 걸려들게 되리니, 네가 마땅히 먼저 깨달으면 윤회에 빠져들지 않겠지만, 미혹하여 깨닫지 못하면 무간지옥에 떨어질 것이다."

오온이 녹아내릴 때 나타나는 경지에 대해서 성인이 되었다는 생각을 하지 않으면 훌륭한 경계라고 하겠지만, 만약 성인이 되었다는 생각을 하면 곧 천마가 틈을 얻게 된다고 하는 것이다.

21

공부가 한 조각을 이룬다면
비록 금생에 완전히 꿰뚫지는 못하더라도
마지막 눈 감을 때
악업에 끌리지는 않을 것이다.

註

업이란 어두운 무명이고, 참선은 밝은 지혜이다. 밝은 것과 어두운 것이 서로 맞서지 않는 것은 당연한 이치이다.

공부가 한 조각을 이룬다는 것은 일념을 성취하는 것이다. 완전히 꿰뚫는다는 것은 무념을 성취하는 것이다. 마음 공부에도 세 단계가 있음에 유의해야 한다. 일심일념 공부와 무심무념 공부, 그리고 발심 공부이다. 이 중 첫 단계인 일심 공부만 성취해도 최소한 삼악도에 떨어지지는 않는다.

마하카사파大迦葉, Mahakassapa 장로의 제자 비구 한 사람이 수행을 열심히 한 결과 정신 상태가 극히 고요하게 일념이 된 상태를 성취하였다. 그런데 그는 어느 날 자기 숙부가 경영하는 금방을 구경하고서 자기도 그같이 부유하고 화려하게 살고 싶은 마음이 일어나 비구 생활을 포기하고 말았다. 그는 사회로 돌아가 자기 숙부 집에서 살게 되었지만 게으르게 굴며 아무 일도 하지 않았고, 숙부의 돈벌이에도 별 도움을 주지 못해서 마침내 쫓겨나고 말았다. 그 뒤 질이 나쁜 패거리와 어울렸고, 마침내 도적 떼에 들어가 도적질까지 하게 되었다. 그러다가 결국은 관원에게 붙들려 손을 등 뒤로 묶인 채 채찍을 맞으며 사형장으로 끌려갔다. 이때 마하카사파 장로가 탁발차 나왔다가 과거에 제자였던 자가 끌려가는 것을 보고 묶인 손을 잠시 풀어준 다음 말했다.

"너는 내가 과거에 가르쳐준 수행법을 아직 잊지 않았으리라. 그러니 이제부터 너는 그때를 기억하며 몸과 마음의 일어나고 사라지는 현상에 일념으로 네 마음을 집중시켜라."

그는 스승의 말을 따라 마음을 집중시켰고 마침내 일념이 되어 사형집행관 앞에서 조금의 흔들림도 없이 극히 고요한 태도로 앉아 있게 되었다. 그러한 사실은 결국 왕에게도 보고되었고, 왕은 특별 명령을 내려 도적을 풀어준 다음 부처님께 가서 이 사실을 말씀드렸다. 그러자 부처님께서는 그 도적에게 광명을 놓으시어 마치 그 앞에 계신 듯이 모습을 나투시어 게송을 읊으셨다.

"가정, 그 욕망의 숲을 떠나 비구, 그 수행의 숲을 택했으나, 수행의 숲을 벗어나 다시 욕망의 숲으로 되돌아갔다. 모두들 와서 보라, 욕망의 자유로부터 다시 욕망의 얽매임으로 돌아간 자를!"

부처님의 이 설법을 들은 과거의 비구는 망나니들에게 둘러싸여 있는 절박한 상황에서도, 태어나고 죽는 현실을 관찰 대상으로 삼아 일념을 이루었다. 그리하여 제행무상諸行無常 · 제법무아諸法無我 · 일체개고一切皆苦의 세 가지 진리를 깨달아 수다원과須陀洹果를 성취하는 한편 신통력까지 얻었다. 그는 곧 기쁨에 충만하여 허공으로 솟구쳐 올라 부처님께 인사를 올리더니, 왕을 비롯한 수많은 사람이 지켜보는 가운데 아라한과를 성취하였다.

마음공부의 체험은 결코 사라지지 않는다. 죽기 직전이나 죽고 나서도 큰 힘이 된다.

22

참선하는 이는 항상 이렇게 돌이켜 보아야 한다.
네 가지 은혜가 깊고 높은 것을 알고 있는가?
네 요소로 구성된 더러운 이 육신이
순간순간 썩어가는 것을 알고 있는가?
사람의 목숨이 숨 한 번에 달린 것을 알고 있는가?
일찍이 부처님이나 조사 같은 이를 만나고도
그대로 지나쳐버리지 않았는가?
높고 거룩한 법을 듣고도 기쁘고 다행한 생각을
잠시라도 잊어버리지 않았는가?
공부하는 곳을 떠나지 않고 수도인다운
절개를 지키고 있는가? 곁에 있는 사람들과
쓸데없는 잡담이나 하며 지내지는 않는가?
분주히 시비를 일삼고 있지는 않은가?

註

네 가지 은혜란 '부모'와 '나라'와 '스승'과 '시주'의 은혜이다.
네 요소로 이루어진 더러운 몸이란 다음과 같다. 아버지의 정수 한 방울과 어머니의 피 한 방울은 '물'의 젖은 기운이고, 뼈와 살은 '땅'의 단단한 기운이며, 정기와 피의 한 뭉치가 썩지도 않고 녹아버리지도 않는 것은 '불'의 더운 기운이고, 콧구멍이 먼저 뚫려 숨이 통하는 것은 '바람'의 움직임이다. 아난존자가 "정욕이 거칠고 흐려서 더럽고 비린 것이 어울려 뭉친다"고 말한 데서 더러운 몸이라고 부르게 되었다.
순간순간 썩어간다는 것은 세월이 잠시도 쉬지 않아 얼굴에 저절로 주름살이 잡히고 머리털은 어느새 희어가니, 옛말에 "지금은 이미 옛 모습 아니네. 옛날에 어찌 지금 같았을까"라고 말한 바와 같이 과연 덧없는 몸이 아닌가. 덧없는 귀신이란 죽이는 것으로써 오락을 삼으므로 정말 순간순간 무서울 뿐이다.
날숨 들숨이 불기운과 바람 기운이므로, 사람의 목숨은 오로지 들이쉬고 내쉬는 숨에 달린 것이다.

빼어나게 아름다운 용모의 소유자로 난다와 결혼하기로 되어 있었던 루빠난다는 비구니가 되었다. 그녀는 부처님께서 자주 "몸은 무상하고, 둑카(苦)로 가득 차 있으며, 거기에 '나'라고 하는 주재자가 없다"고 설법하신다는 말을 들었다. 그녀는 부처님께서 자기 같은 미인을 보지 못하신 탓에 그렇게 말씀하셨다고 여기며, 자기를 보시면 그와 반대되는 설법을 하실 것이라고 생각했다.

마침내 부처님의 법문이 있는 날 그녀는 부처님께 갔다. 부처님께서는 즉시 신통력으로 열여섯 살쯤 되는 아주 환상적인 한 미인이 부처님께 부채질해드리고 있는 영상을 만드시어 이를 다만 부처님과 루빠난다만 볼 수 있게 하셨다. 루빠난다는 영상 속 저 여인이 맑은 호숫가에 노니는 백조와 같다면, 자기는 보기 흉한 늙은 까마귀에 지나지 않는다고 생각했다. 그런데 얼마 안 되어 그 여인이 중년이 되고 늙은이가 되어 마침내 죽어버렸다. 이 같은 현상을 지켜본 루빠난다는 존재의 무상함을 뼈저리게 느끼게 되었다. 그러자 부처님께서는 존재의 세 가지 특성, 즉 제행무상과 일체개고와 제법무아를 설하였고, 루빠난다는 즉시 수다원과를 성취하였다.

어제의 '나'와 오늘의 '나'는 같은 '나'가 아니다.
오늘의 '나'와 내일의 '나'는 같은 '나'가 아니다.
누가 진짜 '나'인가?

전남 화순 운주사 석불

화두가 어느 때나 똑똑히 들리는가?
남과 이야기하고 있을 때도
화두가 끊임없이 이어지는가?
보고 듣고 알아차릴 때도 화두가 한결같은가?
제 공부를 돌아볼 때 부처와 조사를 붙잡을 만한가?
금생에 꼭 부처님의 지혜를 이을 수 있을까?
앉고 눕고 편할 때 지옥의 고통을 생각하는가?
이 육신으로 윤회를 벗어날 자신이 있는가?
여덟 가지 바람이 불어올 때도
마음이 움직이지 않는가?
이것이 참선하는 이들이 일상생활에서
때때로 점검해야 할 도리이다.
옛 어른은 이렇게 말씀하셨다.
"이 몸을 금생에 건지지 못한다면
다시 어느 생을 기다려 건질 것인가?"

註

'여덟 가지 바람'이란 순경계와 역경계이다. '지옥의 고통'이란 인간의 육십 겁이 지옥의 하루인데, 쇳물이 끓고 숯불이 튀고 검의 숲과 칼산에 끌려다니는 고생이 이루 다 말할 수 없다. 사람의 몸으로 다시 태어나기란 마치 바다에 떨어진 바늘을 찾기보다도 어렵기 때문에 불쌍히 여겨 일깨운 것이다.

위에 말한 법문은, 마치 사람이 물을 마실 때 차고 더운 것은 스스로 알 뿐인 것과 같다. 총명이 업의 힘을 막을 수 없고, 마른 지혜가 고생 바다의 윤회를 면할 수 없음을 가리킴이다. 각기 살피고 생각하여 스스로 속이지 말아야 한다.

금생에 이 몸을 건지기 위해서는 무엇보다 화두라는 한 가지 주제에 몰입해서 일념을 이루는 것이 중요하다.

아나타삔디까 장자의 아들 깔라는 부처님이나 제자들이 자기 집에 오실 때 멀리 숨는 버릇이 있었다. 장자는 아들이 이 습관을 고치지 않는다면 다음 생에는 반드시 낮은 세계에 태어나리라 염려했다. 그래서 그는 아들에게 부처님께서 설법하시는 곳에 가서 하룻밤을 새고 오면 얼마간의 돈을 주겠다고 약속했다. 그래서 깔라는 절에 갔지만 법문은 듣지 않은 채, 그저 시간만 때우고 와서 돈을 요구하는 것이었다.

다음 날 장자는 아들에게 부처님으로부터 게송 한 구절을 배워서 외면 일천 냥의 돈을 주기로 약속했다. 부처님께서는 게송 한 편을 가르쳐주시고, 깔라에게 강한 의지, 즉 염력念力을 보내어 그 게송을 외울 수 없도록 만드시었다. 깔라는 게송을 외려고 열심히 애를 썼지만 끝내 외지는 못하고, 그 대신 뜻을 깨우쳤다. 그는 그 게송의 의미를 터득하면서 일념삼매를 이루어 수다원과를 성취하였다.

다음 날 아침 깔라는 부처님과 비구들을 따라 자기 집에 도착했다. 장자는 공양을 올린 다음, 아들에게 일천 냥의 돈을 상금으로 내놓았다. 그러자 놀랍게도 아들은 그 상금을 부끄러이 여기며 받지 않았다. 돈을 받으라고 거듭 권했지만, 깔라는 아주 겸손한 태도로 돈 받기를 거절했다. 이를 본 아나타삔디까 장자가 부처님께 자초지종을 설명하자, 부처님께서는 말씀하셨다.

"아나타삔디까여, 그대의 아들 깔라는 이제 세계를 다스리는 전륜성왕보다, 그리고 천상의 브라흐마 천왕보다 더 큰 보배를 갖게 되었느니라." 그리고 부처님께서는 다음 게송을 읊으셨다. "이 땅 위에서 왕이 되는 것보다, 또는 천상에 태어나기보다, 더 나아가 우주 전체를 지배하는 것보다도 수다원과를 성취하는 것이 훨씬 낫다."

어째서 우주의 지배자보다도 나을까? 수다원과만 성취해도 최소한 삼악도를 면하게 된다. 더 이상 퇴보는 없다, 진전만이 있을 뿐!

23

말을 배우는 사람들은
말할 때는 깨친 듯하다가도
실제의 경계에 부딪치면
그만 아득해진다.

註

이것은 바로 앞 송頌에서 말한 '스스로 속인다'는 뜻을 맺는 말이다. 말과 행동이 같지 않고서야 무슨 소용이 있으랴.

말과 행동이 같지 않다는 것은 자만하다는 것이다. 자만이란 스스로를 기만하는 것이다.

나이 많은 뽓틸라 장로는 과거 일곱 부처님 시절부터 비구들에게 경을 강의하는 강사였다. 그는 스스로 학식이 높으며 법을 잘 설할 수 있다는 자만심이 대단했다. 부처님께서는 그를 일깨워주기 위해 뽓띨라를 볼 때마다 이렇게 말씀하셨다.

"머리가 텅 빈 뽓띨라야, 이리 오너라. 머리가 텅 빈 뽓띨라야, 인사하거라. 머리가 텅 빈 뽓띨라야, 앉아라. 머리가 텅 빈 뽓띨라야, 저리 가거라."

부처님께서 말끝마다 '머리가 텅 빈 뽓띨라'라고 부르시자 뽓띨라는 아직 자신이 참선 수행으로 마음을 고요히 다스려 선정 삼매를 얻지 못하였기 때문이라고 반성했다. 그는 마침내 참선에 매진하기로 결심하고서 길을 떠나 멀리 떨어진 조용한 숲속의 수도원에 도착했다. 그는 수도원의 원장 비구를 만나 인사하고 수행을 지도해달라고 부탁했다. 그러자 원장은 깜짝 놀라며 "그게 무슨 말씀이십니까? 장로께서는 세상이 다 아는 대강사가 아닙니까? 오히려 저희가 배워야 할 것입니다"라고 말했다. 그러나 뽓띨라 비구는 거듭 간청했다.

사실 이 수도원의 비구들은 모두 아라한과를 성취하였기에 누구든지 수행 지도를 해줄 수 있었다. 하지만 뽓띨라의 자만심을 꺾어놓기 위해 원장 비구는 계속해서 손아래 비구에게 그를 보냈다. 그는 결국 가장 어린, 이제 겨우 일곱 살 난 사미에게 보내졌다. 이 사미는 오후 반나절 동안 실과 바늘로 무언가를 짜고 있었는데, 뽓띨라를 보고도 본체만체 자기 일만 계속했다. 그래서 기고만장하던 뽓띨라의 자존심은 여지없이 무너지고 말았다.

이 사미를 스승으로 모시고자 하는 뽓띨라에게 사미는 연못을 가리키며 말했다. "그렇다면, 가사를 입은 채로 저 연못에 들어가보십시오." 말이 끝나자마자 뽓띨라는 연못 속으로 풍덩 들어갔다. 다시 밖으로 나오라 하자 쏜살같이 스승에게 다가왔다. 그때 사미는 이렇게 가르치는 것이었다.

"여기에 여섯 개의 구멍이 난 거미집이 있다고 합시다. 그 거미집에 도마뱀 한 마리가 기어들어 갔습니다. 도마뱀을 잡으려면 어찌해야겠습니까? 여섯 구멍 가운데 다섯 개는 막아놓고 한 구멍만 남겨둔 채 그 구멍을 잘 관찰해야 할 것입니다. 참선 수행도 이와 같습니다. 이제부터 여섯 감각기관, 즉 눈 ·

귀 · 코 · 혀 · 몸 · 마음 가운데 다섯 곳을 막아버리고 오직 마음의 문 하나만을 열어놓고 거기에 관찰력을 집중하도록 하십시오. 끈기 있고 열성적으로 수행하시면 반드시 좋은 결과가 있을 것입니다."

이를 실천 수행한 뿟띨라는 마침내 아라한과를 성취하였다.

자기를 속이지 말자.

24

생사를 막아내려면
이 한 생각을 '탁' 깨뜨려야
비로소 나고 죽음에서
벗어날 것이다.

註

'탁!'이란 새까만 칠통을 깨뜨리는 소리다. 칠통을 깨뜨려야 생사를 끊을 수 있다. 모든 부처님이 인지因地(부처를 이루는 원인이 되는 경지, 즉 보살도)에서 닦아가신 것은 오로지 이것뿐이다.

칠통은 옻을 담은 통인데 그 색깔이 어둡고 검기 짝이 없다. 이처럼 먹통 같은 중생의 무명도 어둡고 검기 짝이 없다. 그렇다면 어떻게 이 칠통을 깨뜨려 생사의 고해에서 벗어날 수 있을까?

파조타破竈墮 화상이 숭악에 있을 때, 산 중턱에 심히 영검한 묘당 하나가 있었다. 그 묘당 안에 조왕단이 하나 있는데, 원근에서 와서 제사를 지내면서 살생을 많이 하였다. 선사가 어느 날 시자를 데리고 묘당에 들어가서 주장자로 가리키면서 말하였다.

"그대는 본래 진흙과 기왓장으로 합쳐서 이루어진 것인데, 영검은 어디서 왔으며 성스러움은 어디서 생겼는가?"

그러고는 몇 차례 두드리고, 다시 말하였다.

"깨졌다〔破也〕. 떨어졌다〔墮也〕."

그러자 조왕단은 무너지고 말았다. 조금 있다가 푸른 옷에

경북 경주 남산 삼릉계 마애관음상

높은 관을 쓴 이가 나타나서 절을 하면서 말하였다.

"저는 본디 이 묘당에 있는 조왕신입니다. 오랫동안 업보에 매여 있다가 이제 화상의 무생법문無生法門을 듣고 여기를 벗어나 하늘에 태어나게 되었기에 일부러 와서 사례를 드립니다."

이에 선사가 말하였다.

"이는 그대가 본래 지니고 있는 본성이다. 내가 억지로 한 말은 아니다."

그러자 조왕신이 두 번 절하고 사라졌다. 잠시 후에 시봉하는 스님들이 물었다.

"저희들이 오랫동안 스님 곁에서 모시고 있었지만 아직 스님께서 저희들에게 일러주시는 말씀을 못 들었습니다. 조왕신은 어떤 지름길을 얻었기에 하늘에 태어나게 되었습니까?"

"나는 다만 그에게 말하기를 '진흙덩이가 합친 것'이라 말했을 뿐 별다른 도리를 말한 일이 없다."

모셨던 스님들이 잠자코 섰으니 대사가 다시 말했다.

"알겠는가?"

한 스님이 답했다.

"모르겠습니다."

"본래 가지고 있는 성품인데, 어찌하여 알지 못하는가?"

이에 모시는 스님들이 절을 하자, 대사가 말했다.

"깨졌다. 떨어졌다."

일체중생의 몸과 마음은 모두 물거품과 같고 아지랑이와 같다. 몸뚱이는 사대四大로 이루어져 있고, 마음은 육진六塵으로 돌아간다. 이 몸뚱이를 이루고 있는 네 가지 요소인 지地 · 수水 · 화火 · 풍風이 흩어지면 과연 무엇이 진정한 '나'인가?

깨졌다!
떨어졌다!

25

그러나 한 생각을 깨친 뒤에라도
반드시 밝은 스승을 찾아가 안목이 바른가를
점검해보아야 한다.

註

이 일은 결코 쉽지 않으니 모름지기 부끄러운 생각을 내야 한다. 도道란 큰 바다와 같아서 들어갈수록 더욱더 깊어지니, 적은 것을 얻고서 만족하지 말라. 깨친 뒤에 밝은 스승을 만나지 못하면 제호醍醐와 같은 좋은 맛이 도리어 독약이 될지도 모른다.

여기서는 깨친 뒤에 안목眼目이 과연 올바른 것인지 결택決擇해보아야 된다고 한다. 결택이란 결단하고 선택함을 받아야 된다는 것이다. 세상에 뭐 한 소식 했다고 하는 분들, 또는 한 생각 깨쳤다고 하는 분들이 의외로 많다. 그렇지만 그것이 과연 진정한 깨달음인지, 부처님과 같은 깨달음인지 아닌지를 점검해야 되고, 아직 무상정등정각無上正等正覺인 아뇩다라삼먁삼보리阿耨多羅三藐三菩提까지 가지 못했다면 또다시 분발심을 내어서 공부를 해야 된다는 것이다.

수많은 사람이 나름대로의 깨침을 얘기한다. 그것을 수분각隨分覺이라고 한다. 분分에 따르는 깨달음이다. 다시 말해서 본인은 '아, 내가 최상의 깨달음을 얻었다'라고 생각할지 몰라도, 부처님 경지에서 보면 수분각에 불과하다는 것이다. 또는 상사각相似覺도 있다. 상사相似란 서로 유사하다는 뜻이다. 이른바 짝퉁 깨달음이다. 깨달음과 비슷하긴 하지만 아직 아니다. 그래서 이 수분각이나 상사각에 머물러서는 안 되고, 구경각究竟覺에 이르러야 한다는 것이다.

『법화경』에서는 누누이 삼승三乘에 대하여 설하고 있다. 삼승은 성문 · 연각 · 보살승을 말한다. 이것은 결국 우리가 일불승, 즉 부처가 되고자 하는 방편에 불과한 것이다. '삼승은 방편이요, 일불승만이 진실이다' 하는 그 가르침을 유념해야 한다.

삼승의 가장 아래 단계는 성문聲聞으로, 부처님의 가르침을 들은 제자들을 말한다. 그다음이 연각緣覺이다. 홀로 인연법을 깨친 이라고 해서 독각獨覺이라고도 한다. 그렇게 보자면 연각도 역시 깨달은 사람인데 왜 보살보다 아래에 놨을까?

즉 삼승이라 하면 성문 다음이 연각이고, 연각 다음이 보살이다. 연각도 이미 깨달은 사람인데, 깨달았다고 해서 무조건 일불승, 즉 부처님은 아니라는 것이다. 오히려 홀로 깨친 이는 보살보다도 못하다고 한다. 왜 그럴까? 홀로 깨쳤기 때문에 중생 제도의 연緣이 없거나 희박하다. 그냥 홀로 깨치고 홀로 갈 뿐이다. 그것은 오히려 보살보다 못한 경지라고 한다.

많은 사람들이 깨달음 지상주의로 무조건 '깨달음, 깨달음' 하는데 사실은 무조건 깨닫는 게 중요한 게 아님을 알 수 있다. '얼마나 많은 중생과의 연을 지었는가? 또 그런 연을 통해서 깨달았는가?' 하는 것이 중요하다. 연이 없는 중생은 제도할 수 없기 때문이다.

그런 의미를 잘 알고, 자기가 깨달음을 얻었다는 생각이 들더라도 반드시 눈 밝은 선지식의 점검을 받아야 된다는 것이다.

26

옛 어른이 말씀하기를,
"다만 자네의 안목 바른 것만 귀하게 여길 따름이지,
자네의 행실은 귀하게 여기지 않네"라고 하였다.

註

옛적 위산潙山 스님의 물음에 앙산仰山이 대답하기를 "『열반경涅槃經』 40권이 모두 마군의 말입니다" 하였으니, 이것이 앙산의 바른 눈이다. 이번에는 행실에 대해 앙산이 묻자 위산 스님은 "다만 자네의 안목 바른 것만 귀하게 여길 따름이지, 자네의 행실은 귀하게 여기지 않네"라고 답했다. 바른 눈을 뜬 뒤에 행실을 말하는 까닭이 여기에 있다. 그러므로 참된 수행을 하려면 먼저 단박에 깨쳐야 한다.

여기서는 수행과 깨달음의 관계에 대해 설명하고 있다. '다만 자네의 안목이 바른 것만 귀하게 여길 따름이지, 자네의 행실은 귀하게 여기지 않는다'는 말은, 일단 바른 안목을 갖추는 것이 시급하다는 것이다. 참된 수행을 하려면 먼저 단박에 깨쳐야 한다. 보통은 수행하고 나서 그 결과로 깨달음을 얻는 것으로 알고 있다. 하지만 여기서는 이렇게 써놓았다.

'만약에 수행을 하고자 하면 먼저 반드시 단박에 깨쳐야 된다.'

수행에는 두 가지 종류가 있다. 깨닫기 이전의 수행과 깨달은 이후의 수행이다. 깨닫기 이전의 수행은 '문밖의 수행'이고,

깨달은 이후의 수행은 '문안의 수행'이다.

십우도十牛圖에 견주어서 설명하자면, 깨닫기 전의 수행은 첫 번째 심우尋牛 단계에 해당하는 것이고, 깨달은 이후의 수행은 바로 세 번째 견우見牛 단계 이후 네 번째 득우得牛 단계부터다. 견우라는 것은 견성見性을 말한다. 몸과 마음은 물거품과 같고 아지랑이와 같다. 그리고 우리의 성품 자리 또한 공하다. 여기까지 터득하는 것이 바로 세 번째의 견우 단계이다.

이 관문을 통과해야 비로소 문안의 수행이 된다. 그전까지는 문밖의 수행으로, 몸과 마음이 고정된 실체가 있는 것으로 여겨서 몸을 닦고 마음을 닦는 수행이다. 하지만 진정한 수행은 단순히 몸을 닦고 마음을 닦는 데서 한 걸음 더 나아가 성품조차도 공함을 확실하게 터득하고, 사실 닦을 것이 없음을 알면서 닦는 것이다. 그것이 바로 진공묘유에 입각한 수행이다. 텅 비어 있기 때문에 무엇으로든 채울 수 있다. 이것을 무엇으로 채울 것인가? 내가 결정한다.

왜 그런가? 이치는 곧 단박에 깨쳐서 깨달음을 타고 아울러서 녹아버리지만, 현실은 이렇게 단박에 제해지는 것이 아니다. 차례차례 사라지게 되는 것이다.

번뇌에도 두 가지가 있다. 견소단見所斷의 번뇌와 수소단修所斷의 번뇌다. 견소단의 번뇌는 보기만 하면 바로 끊어지는 번뇌며, 수소단의 번뇌는 닦아야만 끊어지는 번뇌다. 성품이야

단박에 공함을 보면 되겠지만, 그렇다고 몸과 마음을 닦지 않아도 되는 것이 아니다. 몸에는 여전히 때가 끼고, 마음에는 분별이 오락가락하게 마련이다. 하지만 그렇다고 하더라도 성품이 공함을 터득하기 이전에 몸과 마음을 닦는 것과는 여전히 천지 차이가 있다고 하는 것이다.

27

바라건대 공부하는 사람들은

자기 마음을 깊이 믿어

스스로 굽히지도 말고 높이지도 말아야 한다.

註

이 마음은 평등해서 본래 범부와 성인이 따로 없다. 이치는 그렇지만 사람에게는 어두운 이와 깨친 이가 있고, 범부와 성인이 있다. 스승의 가르침을 받아 문득 '참 나'가 부처와 조금도 다름이 없음을 깨치는 것은 이른바 '단박 깨침'이다. 그러므로 스스로 굽히지 말 것이니, '본래 아무것도 없다'고 한 말이 그것이다.

깨친 뒤에 익힌 버릇을 끊어가면서 범부를 고쳐 성인이 되는 것은 이른바 '점차 닦음'이다. 그러므로 스스로 높이지도 말 것이니, '부지런히 털고 닦으라'는 말이 이것이다. 굽히는 것은 교를 배우는 이의 병통이고, 높이는 것은 참선하는 이의 병통이다.

교를 배우는 이들은 선문 안에 깨쳐 들어가는 비밀한 법이 있는 것을 믿지 않고, 방편으로 가르친 데 깊이 걸려 참과 거짓을 따로 집착하며 관행을 닦지 않고 남의 보배만 헤아리므로 스스로 뒷걸음치는 것이다.

그리고 참선하는 이는 교문에 닦고 끊어가는 좋은 길이 있음을 믿지 않고, 물든 마음과 익힌 버릇이 일어날지라도 부끄러운 줄 모르며, 공부의 정도가 유치하면서도 법에 대한 오만한 생각이 많기 때문에 그 말하는 품이 무턱대고 교만하다. 그러므로 옳게 배워 마음을 닦는 사람은 굽히지도 않고 높이지도 않는다.

스스로 굽히지도 말고 높이지도 말라는 것은, 첫 마음 낼 때 벌써 씨 안에 열매를 다 갖추고 있는 것을 대강 든 것이다. 비록 부처님 지위 하나뿐임을 믿어야겠지만, 보살의 열매가 씨의 근원에 사무친 것을 널리 들어 말하자면 오십오위五十五位가 분명히 있다.

본래 자리에서 보자면 범부니 성인이니 따로 있을 수 없다. 모든 것이 둘이 아니다. 그러나 현상으로 보자면 분명히 깨달은 사람과 그렇지 못한 사람이 있고, 범부와 성인이 따로 있다고 하는 것이다.

스승의 가르침을 받아 문득 '본마음', '참 나'가 부처와 조금도 다름이 없음을 깨치는 것이 이른바 '단박 깨침'이다. 본마음은 부처님이나 나나 전혀 다를 바가 없다. 그러므로 스스로 굽히지 말 것이니 '본래 아무것도 없다'고 한 말이 그것이다.

그다음 깨친 뒤에 익힌 버릇을 끊어가면서 범부를 고쳐 성인이 되는 것은 이른바 '점차로 닦는 것이다'. 깨치고 나서도 몸과 마음은 여전히 닦아주어야 한다. 다만 성품이 공한 이치를 터득했기 때문에 닦되, 닦을 바 없음을 안다. 그러므로 스스로 높이지도 말 것이니, '부지런히 털고 닦으라' 한 말이 이것이다.

성품은 디지털식으로 단박에 보면 되지만, 몸과 마음은 아날로그식으로 꾸준히 닦아야 한다. 결국 자존심은 가져야겠지만, 자만심을 가져서는 안 된다고 하는 것이다.

28

미혹한 마음으로 도를 닦는 것은
오직 무명만을 도울 뿐이다.

註

철저히 깨치지 못했다면 어찌 참되게 닦을 수 있겠는가. 깨달음과 닦음은 마치 기름과 불이 서로 따르고, 눈과 발이 서로 돕는 것과 마찬가지다.

선방에 다니는 한 스님이 국사암에 잠깐 들러 대화를 나누었다. 자신이 얼마 전부터 단전호흡을 하고 있는데, 꾸준히 수행하니 몸도 훨씬 건강해지고 집중력도 나아졌다고 극구 권장한다. 몸과 마음이 좋아졌다니 좋은 일이다. 참선을 하다 보면 몸과 마음에 무리가 올 수가 있어서 적절한 보완 방법이 필요하다. 그럴 때 단전호흡이나 기 수련을 하여 몸과 마음의 건강을 회복하는 것은 무방하다. 하지만 이것을 수행의 궁극으로 삼는다면, 이는 엄밀히 말해서 참선이 아니다.

수행에는 두 가지—문안의 수행과 문밖의 수행이 있다. 문안의 수행은 성품에 초점을 맞춰 수행하는 것이다. 문밖의 수행은 몸과 마음에 초점을 맞춰 수행하는 것이다. 참선 문중에서 말하는 수행은 문안의 수행이다. 문안의 수행은 이 몸뚱이가, 그리고 이 마음이 고정된 실체가 없음을 확연히 알고 수행하는 것이다. 몸뚱이나 마음이나 다 본래 성품은 공한 것이다.

이것을 투철하게 알고 수행하는 것이 문안의 수행이다. 그렇지 않고 이 몸뚱이나 이 마음이, 다시 말해서 고정된 '나'가 있는 것으로 착각하고 수행하는 것이 바로 문밖의 수행이다.

수행의 궁극은 내가 사라지는 것— 무아법에 통달하는 것이다. 몸과 마음을 수련해서 건강하게 성품을 공부하는 데 매진한다면 괜찮겠지만, 다만 몸과 마음을 강화하는 데에 그친다면 오히려 아상我相을 증장시키는 방향으로 나아갈 수도 있다. 몸은 아무리 수련에 수련을 거듭해도 결국 늙고 병들어 죽게 된다. 몸과 마음에 초점을 맞춘 수행의 끝은 허망하다. 몸과 마음은 물거품과 같고 아지랑이와 같기 때문이다. 불생불멸 불구부정不生不滅 不垢不淨의 경지에 이르기 위해서는 우선 성품에 초점을 맞춘 수행을 해야 한다.

그래서 선가에서는 돈오 이후에 닦는 것을 진정한 닦음이라고 하고, 아직 성품이 공한 것을 깨치지 못하고 닦는 것을 진정한 닦음이 아니라고 한다. 자기의 성품이 공함을 단박에 깨쳐서 알아야 한다. 그럼에도 역시 몸과 마음은 현상적으로 존재하고 있다. 그러므로 닦아주어야 한다. 그래서 몸과 마음이 사실은 닦을 것이 없음을 알지만 그럼에도 역시 닦아야 하는, 그런 것이 바로 진정한 닦음이고 그것이 문안의 수행이다.

깨달음과 수행의 관계는 눈과 발이 서로 돕는 것과 같다. 눈은 볼 뿐이지만, 발은 옮길 뿐이다. 눈으로 보고 발로써 옮겨

간다. 정상에 도달하기 위해서는 둘 다 필요하다. 눈만 가지고서 정상에 도달할 수 없고, 또 발만 있다고 정상에 도달할 수도 없는 것과 마찬가지다. 몸과 마음에 대한 올바른 안목이 바로 '눈'이고, 꾸준한 수행이 바로 '발'이다.

29

수행의 알맹이는 범부의 생각을 떨어지게 할 뿐
성인의 알음알이가 따로 있는 것이 아니다.

註

병이 없어져 약조차 쓰지 않는다면, 앓기 전 그 사람이 아니겠는가?

병이 없어져 약조차 쓰지 않는다면, 앓기 전의 그 사람이 분명하다. 병이 없으면 그대로 건강한 사람이지, 또 다른 건강한 사람의 어떤 실체가 따로 있는 게 아니다. 감기가 나으면 평범한 사람이 되는 것이지, 감기가 낫고 나서 또 무언가를 가져와야 되는 게 아니다. 이와 마찬가지로 수행을 한다는 것은 다만 탐貪 · 진瞋 · 치癡 삼독을 녹이는 것뿐이지, 삼독을 녹이고 나서 무언가를 다시 찾는 것이 아니다.

이것은 인간에 대한 절대 긍정 사상이다. 다시 말해 우리 모두가 본래 부처라고 하는 것이다. 본래 부처로서 이미 완전하나, 다만 탐욕이나 성냄, 어리석음으로 인한즉 삼독의 병이 든 것이다. 그래서 이 삼독의 병을 없애기 위해 약을 쓰듯이 수행을 하는 것이다. 결국 수행의 요지는 탐욕과 성냄, 어리석음을 다스리는 데 있다. 그러므로 도를 깨쳤다고 하는 사람이 아직도 탐욕이나 성냄이나 어리석음이 남아 있다면 그것은 진정한 깨달음이 아니라고 한다. 왜냐? 수행이란 자기의 탐욕 에너지,

성냄 에너지, 어리석음 에너지를 다스려서 사라지게 하는 것이다. 한 걸음 더 나아가 그것을 잘 선용할 수 있다면 이것이야말로 가장 뛰어난 일이다.

그러므로 다만 범부의 정을 다하면 될 뿐이지, 성인의 알음알이가 따로 있는 것이 아니다. 알음알이야말로 다름 아닌 범부의 정이기 때문이다. 그러므로 최상의 깨달음—아뇩다라삼먁삼보리 또한 고정된 실체가 따로 있는 것이 아니다. 삼독이 쉰 자리가 곧 부처의 자리지, 탐 · 진 · 치 삼독을 쉬고 또 다른 어떤 것이 별도로 있지 않다. 병이 다하여 약을 더 이상 쓰지 않으면 이것이 바로 본래의 그 사람이다. 감기라도 앓게 되면 약을 먹는다. 그러다 감기가 나아서 약을 더 복용할 필요가 없게 되면 본래 건강한 사람이지, 다시 또 거기에다 무엇을 따로 구할 필요가 없다는 것이다.

『원각경圓覺經』에도 '지환즉리知幻則離요, 리환즉각離幻則覺'이라는 말이 있다. '허깨비인 줄 알면 곧 여읠 것이요, 허깨비를 여의면 곧 깨달음이다'라는 말이다. 예컨대 좌선할 때 갖가지 알음알이와 여러 가지 현상들을 '아, 이것이 다 허깨비구나' 하고 알게 되면 거기에 더 이상 매달리고 머무르지 않게 된다고 하는 것이다. 더 이상 허깨비와 씨름하지 않고 이별하는 것이다. 이처럼 탐 · 진 · 치 삼독과도 씨름할 필요가 없다. 탐욕과 이별하고, 성냄과 이별하며, 어리석음과 이별해야 한다. 허깨비, 탐욕, 성냄, 어리석음과 이별하면 곧 그 자리가 깨달음의 자리이며, 범부의 정과 이별하면 그 자리가 곧 성인의 자리라고 하는 것이다.

30

중생의 마음을 버릴 것 없이
다만 제 성품을 더럽히지 말라.
바른 법을 찾는 것이 곧 바르지 못한 일이다.

註

버리고 찾음이 다 더럽히는 일이다.

무언가를 구한다면, 벌써 한 생각 어긋났다는 말이다. 본래 성품 자리는 있는 그대로 완벽하다. 무언가를 구하는 게 있고, 무언가를 필요로 하는 게 있다면, 그것은 불완전하다는 말이 된다. 완전함은 무엇인가? 더 이상 아무것도 필요 없고 아무것도 바랄 것이 없는 그 자리가 완전한 자리다. 무언가를 필요로 하는 것은 불완전하다는 증거다. 그러므로 심지어는 정법조차 구할 필요가 없다고 하는 것이다. 왜냐? 뭔가 구한다는 것 자체가 충족하지 못했기 때문이다.

수행의 종류에는 두 가지가 있다. 오염수汚染修와 불오염수不汚染修다. 오염수는 마음이 오염되어 있으니 이것을 닦아 정화해야 된다는 의미로 닦는 것이다. 불오염수는 본래 성품은 오염되려야 오염될 수 없는 바로 그 자리이므로 다만 지켜 나가기만 하면 되는 수행이다. 이른바 『능엄경』에서 말하는 '헐즉보리歇卽菩提'와도 상통하는 말이다. '쉬기만 하면 그대로 깨달음'인 것이지, 깨달음이 따로 있는 것이 아니다. 다시 말해서 자기 성품을 더럽히지만 않으면 그게 곧 본마음의 자리인 것이다.

그러므로 중생의 마음을 버릴 것 없이, 다만 자성을 오염시키지만 말라고 한다. 자성 자리는 사실 오염되려야 오염될 수 없는 자리다. 그럼에도 사람들이 허깨비 같은 세계를 실로 있다고 여기는 것처럼, 성품이 실로 더러워진 것으로 착각하는 것이다. 예컨대 마니보주摩尼寶珠는 보배로운 구슬인데, 빨간 것이 옆에 나타나면 빨갛게 변하고, 파란 것이 옆에 나타나면 파랗게 변한다. 하지만 구슬 자체가 빨갛거나 파랗게 완전히 오염되는 건 아니다. 그냥 비출 뿐이다. 또한 거울 앞에 부처님이 나타나면 부처님을 비추고, 중생이 나타나면 중생을 비춘다. 부처님이 나타났다고 해서 거울이 청정해진 것도 아니며, 중생이 나타났다고 해서 거울이 오염된 것도 아니다. 무엇이 나타나건 다만 비출 뿐이다.

진실은 이와 같지만, 중생은 실제로 마음이 오염되어 있어서 번뇌가 실재한다고 믿고 있다. 번뇌는 본래 공空한 것이어서 실은 건질 것도 닦을 것도 없지만, 그럼에도 실재한다고 믿는 중생을 건너게 해주기 위해서 다양한 경전과 명상, 참선, 기도 등이 필요한 것이다. 하지만 번뇌를 건너고 나면, 더 이상 정법이니 사법이니 구하거나 버릴 것도 없다. 버릴 것도 없고 찾을 필요도 없는 그 자리가 바로 '본마음 참 나'의 자리이며, 그 본마음은 본래 청정하고 완벽하기 때문에 더 이상 무언가를 필요로 하지 않는다고 말한다.

31

번뇌를 끊는 것은 이승이요,
번뇌가 일어나지 않는 것이 대열반이다.

註

끊는 것은 능能과 소所가 벌어지는데, 일어나지 않는 것은 능能과 소所가 없도다.

능能이라는 것은 주관을 뜻하고, 소所라는 것은 객관을 뜻한다. 그러므로 '내가 번뇌를 끊는다'고 말한다면, 바로 능能과 소所가 벌어지게 된다. 주체인 '나'가 객체인 '번뇌'를 끊게 되니까 그것은 진정한 열반이 아니라고 한다. 진정한 열반이란 능과 소 자체가 사라져버려야 된다. '내가 번뇌를 끊는다'는 '나'도 있고, '번뇌'도 있고, '끊는 것'도 있는 것이다.

열반涅槃이란 범어 '니르바나nirvāṇa'를 한문으로 음사한 것이다. '니르바나'는 번뇌煩惱와 망상妄想이 사라져서 지극히 고요하고 청정한 경지를 말한다. 즉 번뇌의 불꽃이 '완전연소'된 상태로, 여기서 불꽃이란 욕망 · 성냄 · 어리석음을 비유로서 든 것이다. 그러한 탐 · 진 · 치 삼독이 완전히 꺼지고 쉬어버린 상태, 즉 완전연소되어 더 이상 탈 것이 없는 상태가 바로 '니르바나'다.

소승법에서는 번뇌를 끊고 생각을 일으키지 않아야 열반에 든다고 이야기하지만, 대승법에서는 번뇌가 본래 없다고 이야기한다. 번뇌는 본래 공空한 것이므로 번뇌가 본래 없는 이치를 깨달아서, 생각이 일어나도 일어나는 것이 아니며 무슨 일을 하든 열반의 즐거움을 갖고 하는 것이 바로 대열반大涅槃이다.

『대승기신론大乘起信論』에도 깨달음의 경지에 대해서 여러 단계로 나누어서 설명한다. 예컨대 이상형의 이성을 만났다 하자. 한동안 좋아하는 마음이 커졌다가 자꾸 만나다 보니까 애정이 점차 식는다. 그리하여 나중에 몇 년이 지나서는 또 언제 그랬느냐는 듯이 완전히 잊어버리게 된다. 이것이 바로 마음의 생生·주住·이異·멸滅이다. 그래서 마음이 생生하고 머무르고 변화하고 소멸되는 이 단계에 따라서, 어느 단계에서 그걸 알아차려서 마음을 쉬느냐에 따라서 깨달음의 경지가 다르다.

마음이 완전히 생·주·이·멸을 다 거치고 나서야 겨우 알아차리는 것이 바로 중생의 단계인 '불각不覺'이고, 마음이 생하여 머무르고 변화하는 단계에서야 겨우 알아차리는 것이 바로 '상사각相似覺'이다. 다음으로 마음이 생하여 머무르는 단계에서 알아차리는 것이 '수분각隨分覺', 마음이 생겨나면서 알아차리는 것이 '구경각究竟覺'이다. 그래서 대열반이란 아예 번뇌가 일어나지 않는 것을 말한다.

『금강경金剛經』에서도 말한다. 무엇을 베풀더라도 '내가 너에게 무엇을 주었고, 너는 나에게 무언가 받았다'는 생각을 가져서는 안 된다고. 이것이야말로 진정한 아뇩다라삼먁삼보리, 즉 최상의 깨달음으로 향하는 중대한 비결이라고 한다.

경북 경주 남산 신선암 마애보살반가상

32

모름지기 마음을 비우고 스스로 비추어 보아,
한 생각 인연 따라 일어나는 것이
사실은 일어남이 없음을 믿어야 한다.

註

이것은 성품이 일어나는 것만을 밝힌 것이다.

마음을 비우고 스스로 비추어 본다는 것은 마음의 눈을 뜻한다. 육신의 눈은 밖을 향해 있다. 그래서 자꾸 바깥을 보는 데 숙달된다. 그것을 돌이켜서 마음의 눈으로, 밖을 향하는 게 아니라 자기 스스로를 향해서 육신의 눈과는 반대 방향으로 돌이켜 보는 것, 이것이 바로 비추어 보는 것이다.

이렇게 비추어 보아서, 한 생각 인연 따라 일어나는 것이 사실은 일어남이 없음을 믿어야 한다. 어젯밤 꿈속에서 미국에도 갔다 오고, 중국에도 갔다 오고, 캐나다에 가서 스키도 타보고, 태국에 가서 리조트에서 수영도 하고, 호주에도 갔다 오고, 사방팔방을 돌아다니다가 아침에 딱 깨 보니 꿈이었다. 꿈속에서 사방팔방을 돌아다녔어도 꿈 깨고 나면 그냥 그 자리인 것이다.

부처님 당시 33천에서 꽃목걸이를 만들던 한 남자가 즐거운 동산으로 갔다. 그때 꽃을 따던 한 선녀가 나뭇가지에 앉아 있다가 순식간에 사라져서 사왓티의 어느 집에 사람의 아기로 태어나게 되었다. 그녀의 이름은 빠띠뿌지까('남편을 존경하는 여인'이라는 뜻)라고 지어졌으며, 태어날 때부터 과거 전생을 기억하는 능력이 있어서 자신이 전생에 천상에서 꽃목걸이를 만드는 남자의 아내였음을 알고 있었다.

그녀는 열여섯 살에 결혼을 했다. 그 후 그녀가 비구들에게 아침저녁으로 공양을 올릴 때마다 그녀의 발원은 전생의 남편과 다시 만나고 싶다는 것뿐이었다. 비구들은 그녀의 간절한 발원을 잘 아는바, 그녀를 '남편을 존경하는 여인'이라고 불렀다. 그러던 어느 날 그녀는 갑자기 병을 앓게 되어 곧 죽었으며, 죽자마자 예전의 33천에 다시 태어났다. 그녀가 천상에 돌아와 보니 아직도 천상의 선녀들은 여전히 꽃목걸이를 만들고 있었다. 인간의 백 년이 천상의 하룻밤 하룻낮이었던 것이다.

그토록 부지런하고 친절했던 여인의 갑작스런 죽음을 궁금히 여긴 비구들은 부처님께 그녀가 태어난 곳을 물었다. 부처님께서는 "비구들이여, 그녀는 자기의 남편에게로 돌아갔느니라"라고 대답하셨다.

"부처님, 그녀는 자기 남편과 함께 죽은 것이 아닙니다."

"비구들이여, 그녀가 발원했던 남편이란 인간으로서 만난 남편이 아니니라. 그녀는 꽃목걸이로 천상을 장식하는 천인의 아내였으며, 그녀가 공덕을 회향했던 것은 그 남편이었느니라. 이제 그녀는 다시 옛 남편에게로 돌아간 것이니라."

한 생각 인연 따라 일어났다 인연 따라 사라지지만, 사실은 가고 옴이 없음도 이와 마찬가지다. '중생이다', '부처다' 나눈다 하더라도 사실은 언제나 그 자리, 본마음 자리였던 것이지, 지금까지 한 번도 본마음 자리에서 벗어나본 적이 없다고 하는 것이다.

33

죽이고 도둑질하고 음행하고 거짓말하는 것이
다 한마음에서 일어나는 것임을 자세히 살펴보라.
그 일어나는 곳이 비어 없는데
무엇을 다시 끊을 것인가.

註

여기에서는 성품과 형상을 함께 밝힌 것이다.

경에 말씀하기를 '무명을 아주 끊는다는 것은 한 생각도 일으키지 않는 것'이라 하였고, 또 이르기를 '생각이 일어나면 곧 알아차리라' 하였다.

사람마다 본성本性이 있고 또 형상形相이 있다. 본성은 근본 자리, 즉 진리의 세계를 얘기하고, 형상은 현실을 말한다. 본래의 성품은 공空하다. 텅 비었기 때문에 무엇으로든 채울 수 있다. 어떠한 모양으로도 나타낼 수 있는 것이다. 또한 선하게도 작용할 수 있고, 악하게도 작용할 수 있다. 예컨대 원자에너지는 그 자체가 선한 것도 아니고 악한 것도 아니다. 원자력발전에 이용하면 선용하는 것이 되며, 원자폭탄을 만들어 인명을 살상하면 악용하는 것이 된다. 그러니 그 선행과 악행의 근본 자리를 살펴보면, 사실은 다 한마음에서 일어난 것이고, 그 한마음은 알고 보면 공한 것이다.

육조 혜능六祖 慧能 스님은 자신을 추격해온 도명道明 상좌에게 설했다. "선도 생각하지 말고 악도 생각하지 말라. 그럴 때 무엇이 그대의 본래면목인가?"

또한 삼조 승찬三祖 僧璨 스님은 이조 혜가二祖 慧可 대사에게 말했다.

"제가 엄청나게 많은 죄를 지어서, 지금 이렇게 풍병風病으로 고생을 하고 있습니다. 저의 죄를 참회하게 해주소서."

"그래, 그렇다면 너의 죄를 내어놓아 보아라."

"죄를 찾아보았지만 가히 찾을 수가 없습니다."

"그럼 너의 죄가 다 참회되었다."

죄를 찾아보았으나 찾을 수가 없었다. 죄의 실체는 없었다. 다만 죄의식이 있을 뿐이다. 『천수경千手經』에서도 말한다.

"죄는 스스로의 성품이 없어 마음 따라 일어났으니 마음이 만약 소멸하면 죄 또한 없어지네. 죄도 없어지고 마음도 멸해서 둘 다 공해지면 이것이야말로 진정한 참회로다."

결정된 죄인도 없고 결정된 선인도 없다. 왜냐하면 모든 것이 본래 공하기 때문에. 이 공한 자리를 무엇으로 채울 것인가? 내가 선택한다. 내 작품이다. 본성은 공하지만, 그렇다고 해서 현상을 무시해서도 안 된다. 진공은 묘유〔眞空妙有〕이기 때문이다. 현실에 너무 애착해서도 안 되지만, 그렇다고 현실을 너무 무시해서도 안 된다. 즉 내게 주어진 상황, 이 몸뚱이, 내

주변 사람들에 대해서 지나친 애착을 가져서도 안 되지만, 그렇다고 지나치게 무시해서도 안 된다고 하는 것이다.

소유자가 아닌 관리자의 입장에서 주변 사람들 또는 내 몸과 마음을 잘 관리해 나가는 것, 이것이야말로 진정 불교의 성과 상에 입각한 삶이 된다. 성품에만 치우치는 것도 아니고, 또 형상에만 치우치는 것도 아닌 중도적 삶이 훌륭한 삶이다. 내 몸뚱이도 내 마음도 내 가족도 내 돈도, 소유자가 아닌 관리자의 차원에서 살아가는 것이다. 이것을 잘 관리해서 세상 사람들에게 유익하고, 궁극적으로 자기 자신에게도 유익하도록 잘 사용해야 한다고 하는 것이다.

34

환상인 줄 알면 곧 떠난 것이라
더 방편 지을 것이 없고
환상을 떠나면 곧 깨친 것이라
또한 닦아갈 것도 없다.

註

마음은 요술쟁이다. 몸은 환상의 성城이고, 세계는 환상의 옷이며, 이름과 형상은 환상의 밥이다. 그뿐 아니라 마음을 내고 생각을 일으키는 것, 거짓이라 참이라 하는 것 모두가 환상 아닌 것이 없다. 시작도 없는 환상의 무명이 다 본마음에서 나온 것이다. 환상은 허공의 꽃과 같으므로 환상이 없어지면 그 자리가 곧 부동지이다. 꿈에 병이 나서 의사를 찾던 사람이 잠에서 깨면 방편도 필요 없나니, 모든 것이 환상인 줄 아는 사람 또한 그와 같다.

현대는 판타지영화가 각광을 받는다. 각박한 현실에서 벗어나 이상향을 그리는 사람들의 마음에 위안을 주기 때문이다. 그런데 이 현실이 바로 판타지fantasy라고 하는 것이다. 마음은 요술쟁이와 같고, 몸은 환상의 성城과 같다. 또한 이 세계는 환상의 옷과 같고, 이름과 형상은 환상의 음식과 같다. 전부 판타지의 세계라는 것이다.

환상은 마치 저 허공의 꽃과 같다. 눈병이 나거나 눈을 막 문지르다가 딱 떠서 보면, 마치 허공에 무슨 꽃이 있는 것처럼 보인다. 그러나 그것은 실재하는 것이 아니다. 그처럼 이 세계는 사실은 실체實體가 있는 것이 아니다. 다만 현상이 있을 뿐이다.

심지어 우리 몸뚱이와 마음이라고 하는 것도 연 따라 나타났다가 연 따라 사라질 뿐이지 어떤 실체가 있는 것이 아니다. 마치 저 구름처럼. 구름은 일정한 조건이 형성되면 생겨난다. 그래서 점점 커져서 흘러가다가 또 일정한 조건이 되면 비를 뿌리면서 사라진다. 어떤 고정된 실체가 있는 것이 아니라 다만 연 따라 나타났다가 연 따라 사라질 뿐이다.

이렇게 내 몸과 마음이라고 하는 것도 사실은 허깨비 같은 것이다. 현상만 있지, 실체가 없다. 이것을 제대로 터득하면, 곧 이별離別하게 된다. 어디서 이별하는가? 애착愛着에서 이별하게 된다. '아! 이게 내 것이 아니구나. 그냥 현상만 있을 뿐이구나.' 그래서 항상 바로 지금 여기에서 주인공이 되어서 이것을 완전연소하는 것이 중요하다. 지나간 과거에 연연하지 않고, 아직 오지 않은 미래를 앞당겨서 걱정하지 않고, 항상 바로 지금 여기서 내 앞의 현실에 충실할 때 완전연소하게 된다.

그렇게 되면 더 이상 방편을 쓸 필요가 없다. 참선과 염불을 하고, 기도를 하는 것이 전부 방편이다. 사실은 일체가 다 허깨비인 줄 알면, 더 이상 방편을 지을 것도 없다. 마치 꿈에 병이 나서 의사를 찾던 사람이 잠에서 깨어나면 근심 걱정이 사라지듯이, 모든 것이 환상인 줄 알아차린 사람 또한 이와 같다고 하는 것이다.

세상의 모든 것은 허공의 꽃과 같고, 그림의 떡과 같다. 하지만 허공의 꽃이 없으면 아름다움을 느낄 수 없으며, 그림의 떡이 없으면 허기를 채울 수 없다. 이처럼 몸과 마음이 있어야 오히려 공부가 실감이 난다고 하는 것이다.

중생이 나는 것 없는 가운데서
망령되이 생사와 열반을 보는 것이,
마치 허공에서 꽃이 서물거리는 것을
보는 것과 같다.

註

성품에는 본래 나는〔生〕 것이 없으므로 생사와 열반이 없고, 허공에도 본래부터 아무것도 없으므로 서물거릴 것이 없다. 났다 죽었다 하는 줄로 아는 것은 허공 꽃이 일어나는 것을 보는 것과 같고, 열반이 있는 줄로 아는 것은 허공 꽃이 스러지는 것을 보는 것과 같다. 그러나 일어나도 일어남이 없는 것이므로 이 두 견해에 대해서는 더 따질 것이 없다. 그러므로 『사익경思益經』에 말하기를, '부처님이 세상에 나오신 것은 중생을 건지기 위해서가 아니라, 오로지 생사와 열반이라는 두 견해를 건지기 위해서다'라고 하였다.

부처님께서 이 세상에 오신 까닭은 중생을 건지기 위해서라고 얘기들 한다. 그러나 그게 아니고, 중생의 잘못된 견해—생사와 열반이라는 두 견해—에서 건지기 위해서다. 다시 말해서 부처님이 이 세상에 오신 것은, 중생을 부처로 만들기 위해 오신 것이 아니다. 중생이 본래 부처라는 것을 가르쳐주기 위해서 온 것이다. '중생, 중생' 하지만, 사실 이 중생을 떠나서 부처도 없고 생사를 떠나서 열반도 없다. 왜냐? 모든 것이 허공 꽃과 같기 때문에.

아주 투명하게 맑은 유리의 경우에는 유리가 있는지 없는지 구분이 안 간다. 그래서 그 유리에 '촉수엄금觸手嚴禁'이라고 써 놓으면 "아! 여기 유리가 있구나"라고 안다. 이 본마음 자리는 너무 투명하고 너무 가까이 있어서 알 수가 없다. 그러나 허공 꽃, 그림의 떡 등을 통해서 짐작할 수 있다. 너무 가까이 있고 너무 투명하기 때문에 알 수 없는 것을 이 허공 꽃이라든가 그림의 떡을 통해서 알 수 있고, 또 중생은 허기를 채울 수 있다.

영가들도 때로는 배고픔을 호소한다. 허기를 느낀다. 몸뚱이가 있을 때는 몸뚱이가 있어서 배도 고프고 밥도 먹고 했는데, 죽고 나서 몸뚱이가 없는데 어째서 배가 고프고 왜 허기를 느낄까?

허기라는 것도 사실은 실재하는 게 아니다. 스스로 실재한다고 느끼고 있는 것이지, 실재하는 것이 아님을 제대로 터득하게 되면 죽어서도 허기를 안 느끼고, 괴롭지 않을 수 있다.

몸뚱이는 없어졌어도 몸뚱이 착着은 여전히 남아 있기 때문에 그런 것을 느끼는 것이고, 그 몸뚱이 착着이 근원이 되어서 육도六道를 윤회한다. 몸뚱이 착着이 쉬면 육도윤회는 저절로 쉬어지는 것이다. 이것이 바로 생사와 열반이라는 두 견해에서 쉬게 되는 것이다. 몸뚱이 착着이 쉬어버리면 생사니 열반이니 하는 것이 근본적으로 무의미한 것이 된다.

맑고 투명한 유리밖에 없을 때는 맑고 투명한 유리가 있는 줄 모른다. 이처럼 허공 꽃 덕분에 허공을 알게 되고, 그림의 떡 덕분에 허기를 채우게 된다. 그러니까 여전히 부처님께 감사하지 않을 수 없다.

36

보살이 중생을 건져
열반에 들게 했다 할지라도
사실은 열반을 얻은 중생이 없다.

註

보살에게는 오로지 중생에 대한 생각뿐이니, 생각의 바탕이 공함을 알아차리는 것이 곧 중생을 건지는 것이다. 생각이 이미 비어 고요하다면, 사실 건질 중생이 따로 없다.
이상은 믿음과 깨침을 말한 것이다.

보살菩薩은 바로 '보디사트바Bodhisattva'를 말한다. '보디Bodhi'는 깨달음, '사트바Sattva'는 중생을 뜻한다. '상구보리 하화중생上求菩提 下化衆生'—위로는 깨달음을 구하고, 아래로는 중생을 제도하는 이—즉 부처님과 중생의 교량橋梁, bridge 역할을 하는 분이 바로 보살이다.

열반은 '니르바나'를 말한다. 이것은 마치 촛불을 훅 불어서 꺼진 상태, 그러니까 어떤 열망의 불길이 사그라진 상태, 고통의 헐떡임이 쉰 상태를 말한다. 그러나 중생을 열반, 즉 고통을 쉬는 적멸의 상태에 들게 했다 할지라도, 사실 열반을 얻은 중생이 없다. '실무중생득멸도자實無衆生得滅度者'— 실로 어떠한 중생도 멸도를 얻은 이가 없다—는 『금강경』에 나오는 말이다. '보살이 한량없이 많은 중생을 구제했다 할지라도, 실로 한 중생도 멸도를 얻은 이가 없느니라.' 왜냐? 중생은 허상虛像이요,

부처가 진실이기 때문이다. 우리가 '중생, 중생' 하지만, 실로 어떤 고정된 실체로서의 중생이 있는 것이 아니다. 바로 지금 이 자리에서 마음에 애착愛着으로 헐떡이고 있기 때문에, 또 갖가지 분별심分別心을 가지고 그 분별심으로 인해 스스로 괴롭힘을 당하고 있기 때문에 중생이라고 하는 것이다.

이 중생의 괴로움이라는 것도 알고 보면 자승자박自繩自縛일 뿐이다. 스스로 어떤 고정관념이나 선입견先入見으로 인해 애착을 하게 되므로 고통이 생겨난다. 따라서 그 누구도 중생을 건질 수 없다. 중생 스스로 자승자박에서 풀려나도록 유도해줄 뿐이다. 이것은 누가 나를 대신해서 밥을 먹거나 잠을 자줄 수 없는 것과 같은 이치이다. 그 누구도 대신 밥을 먹거나 잠을 자줄 수 없다. 부모님도, 부처님도, 신神도 마찬가지다. 마음속 중생이 원인이 되어서 바깥 중생으로 나타난다. 마음속 중생은 스스로 제도해야 한다. 시시때때로 일어나는 탐욕과 성냄, 그리고 어리석음은 스스로 다스려야 한다는 것이다.

보살은 무슨 일을 하든 중생을 위해서 한다. 중생은 무슨 일을 하든 자신을 위해서 한다. 이것이 바로 보살과 중생의 차이점이다. '법륜을 굴리겠습니다' 하고 서원을 세워서 열심히 살다 보면 어느덧 중생을 위해서 법륜을 굴리는 보살이 되어간다. 서원이 없는 인생은 업생業生이요, 서원이 굳건한 인생은 원생願生이 되는 것이다.

37

이치는 단박 깨칠 수 있다 하더라도
버릇은 단번에 가시지 않는다.

문수보살文殊菩薩은 천진天眞에 이르렀고, 보현보살普賢菩薩은 인연 따라 일어나는 이치를 밝혔다. 알기는 번갯불 같아도 행동은 어린애 같은 것이다.
이 아래는 닦는 것과 깨치는 것을 말한다.

『능엄경』에도 이와 유사한 내용이 나온다. '이즉돈오理卽頓悟라 승오병소乘悟併消어니와, 사비돈제事非頓除라 인차제진因次第盡이로다.' 이치는 곧 단박에 깨달아서 깨달음을 타고 아울러 녹아버리지만, 현실은 단박 제해지는 것이 아니어서 차제를 인하여서 다하여진다. 그래서 『능엄경』이나 『선가귀감』의 내용에 의하자면, 이치는 단박 깨치고 버릇은 점차적으로 제하는 것으로 되어 있다.

이치를 단박에 깨닫는다고 하는 것은 바로 본마음 자리를 단박에 깨닫는다는 것이다. 본마음 자리는 오염되려야 오염될 수 없는 자리이기 때문에 수행의 시간과 상관없이, 그리고 항상 바로 지금 여기에서 돌이켜 보면 된다.

그러나 몸이니 마음이니 하는 것은 단박에 고쳐지는 것이 아니다. 운전하는 이치를 이론을 통해 완전히 습득했다고 해서 차에 오르자마자 운전이 능숙한 것은 아니다. 수영 교본을 달달 외운다고 해서 물에 들어가자마자 선수처럼 수영을 할 수 있는 것도 아니다. 또한 오늘 세 시간 동안 목욕했으니까 앞으로 삼 개월은 목욕을 안 해도 몸뚱이가 더럽혀지지 않느냐? 그것도 아니다. 오늘 아무리 오랫동안 목욕을 해도 얼마 후에는 또다시 목욕을 해야 된다. 마음도 마찬가지다. 분별심은 금방 없어지는 게 아니다. 초기 경전을 보면 아라한과를 얻고 나서도 과거의 습관이 다 없어지지 않아서 힘들어 하는 경우들이 있다.

이것은 심지어 문수보살과 보현보살의 경우에도 적용된다. 문수보살은 비록 천진은 요달了達했지만 아직 육도만행六度萬行은 미숙하고, 보현보살은 육도만행은 익숙하지만 자칫 천진면목天眞面目에서 벗어날 위험이 있다고 하는 것이다.

쌍계사 금강문 안에는 문수보살상과 보현보살상이 있다. 문수보살은 사자를 타고 있고 보현보살은 코끼리를 타고 있는데, 사자는 산문山門 밖을 향해 있고, 코끼리는 산문 안으로 들어가는 모습이다. 왜 그럴까? 문수보살이 너무 산속에서 지혜 개발에만 몰두하고 있으니까 좀 밖으로 나가서 육도만행을 닦아야 한다는 의미로 사자가 산문 밖을 향해 있는 것이다. 또 보현보살이 타고 있는 코끼리가 산문 안으로 향해 있는 것은, 육도만행도 좋지만 때로는 산문 안으로 들어와서 천진면목을 돌이켜 보아야 된다는 의미다.

이렇게 문수보살과 보현보살의 경지에서도 아직 닦아야 할 것이 남아 있는데, 그렇지 않은 입장에서는 당연히 닦아야 하는 것이 아닐까?

38

음란하면서 참선하는 것은
모래를 쪄서 밥을 지으려는 것과 같고,
살생하면서 참선하는 것은
제 귀를 막고 소리를 지르는 것과 같으며,
도둑질하면서 참선하는 것은
새는 그릇이 가득 차기를 바라는 것 같고,
거짓말하면서 참선하는 것은
똥으로 향을 만들려는 것과 같다.
이런 것들은 비록 많은 지혜가 있더라도
다 악마의 길을 이룰 뿐이다.

이것은 수행의 법칙인데 세 가지 무루학無漏學을 밝힌 것이다. 소승은 법을 받아 지키는 것으로 계율을 삼기 때문에 대충 그 끝을 다스리게 되고, 대승은 마음을 거두는 것으로 계율을 삼기 때문에 자세히 그 뿌리를 끊는다. 그러므로 법으로 지키는 계율은 몸으로 범하는 일이 없을 것이고, 마음으로 지키는 계율은 생각으로 범하는 일까지도 없다. 음란한 것은 깨끗한 성품을 끊고, 살생하는 것은 자비스런 마음을 끊으며, 도둑질하는 것은 복과 덕을 끊고, 거짓말하는 것은 진실을 끊는다. 지혜를 이루어 여섯 가지 신통을 얻었다 할지라도 만약 살생과 도둑질과 음행과 거짓말하는 버릇을 끊지 않는다면, 반드시 악마의 길에 떨어져 영영 보리의 바른길을 잃고 말 것이다.
이 네 가지 계율은 모든 계율의 근본이므로 따로 밝혀 생각으로라도 범함이 없도록 한 것이다. 생각하지 않는 것을 계율이라 하고, 생각이 없는 것을 선정이라 하며, 망상 떨지 않는 것을 지혜라 한다. 다시 말하면, 계율은 도둑을 잡는 것이고, 선정은 도둑을 묶어 놓는 것이며, 지혜는 도둑을 죽이는 것이다. 또한 계의 그릇이 온전하고 튼튼해야 선정의 물이 맑게 고여서 거기에 지혜의 달이 나타나게 된다. 이 삼학三學은 참으로 만법의 근원이 되므로 특별히 밝혀 온갖 새어 빠뜨리는 일이 없게

한 것이다. 영산회상靈山會上에 어찌 함부로 지내는 부처가 있었으며, 소림문하少林門下에 어찌 거짓말하는 조사가 있었으랴.

참선하는 데 어떤 몸가짐이 필요한가? 살殺·도盜·음淫·망妄, 이 네 가지를 하지 않는 것이야말로 가장 근본이 되는 계율이다. 참선은 곧은 마음을 갖고 선업을 닦아 이루는 것이다.

부처님께서 살아 계실 때 꾼다꼴리야국의 숩빠와사 공주는 임신한 지 칠 년하고도 칠 일이 되었는데도 해산을 못 하고 심한 산고로 고생하고 있었다. 그녀는 남편에게 자기를 대신해 부처님께 가서 순조롭게 해산하여 고통이 소멸되기를 바란다고 말씀드리게 했다. 부처님께서는 그 말을 전해 들으시고는 말씀하셨다. "숩빠와사는 모든 위험과 고통으로부터 벗어날 것이니라. 공주는 무사히 건강하고 귀여운 아들을 낳을 것이니라."

바로 그 순간, 공주는 아주 건강하고 인물도 준수한 아들을 낳았다. 이후 그 어린아이가 성장해서 비구가 되기를 원했다. 부처님께서는 그를 받아들여 비구로 삼고 시왈리라고 부르셨다. 시왈리는 출가를 허락받고 비구가 되기 위해 머리를 깎는 동안 열심히 자기의 몸과 마음을 관찰해서 머리를 다 깎는 동

충남 태안 마애삼존불

시에 아라한이 되었다고 한다. 그에게는 복덕이 따라서 항상 공양이 넘쳤고, 그리하여 부처님 제자 가운데서도 복덕이 가장 수승한 제자로 일컬어졌다. 그래서 어느 날 비구들이 부처님께 여쭈었다.

"부처님이시여, 시왈리 비구는 그렇게 복덕이 많은 사람으로서 머리를 깎는 동안에 아라한이 될 정도였는데, 어째서 그의 어머니 태중에 칠 년이나 머물러 있어야만 했습니까?"

이에 부처님께서 대답하셨다.

"비구들이여, 그는 전생에 시왈리라는 나라의 왕자로 태어났느니라. 그런데 그의 부왕은 다른 나라와의 전쟁에 패배해서 나라를 잃었느니라. 그러자 시왈리 왕자는 잃어버린 나라를 되찾기 위해 시왈리국의 한 도시를 점령하여 여드레 동안 성문을 열지 않음으로써 성 안의 시민들은 음식도, 물도 얻지 못해서 큰 고통을 겪었느니라. 그는 이 같은 전생의 불선업 때문에 어머니 태중에서 칠 년 동안 갇혀 있었던 것이니라. 그러나 이제 그의 모든 불선업이 끝나 고통은 사라지고 선업만이 나타나게 되어서 일반 대중으로부터 가장 공양을 많이 받는 수행자가 되었으며, 깨달음도 쉽게 성취한 것이니라."

불선업과 선업은 수레바퀴처럼 자신을 따르며, 복덕이 많은 이는 깨달음도 쉽게 성취하는 것이다.

인과에는 한 치의 오차도 없다. 다만 시차가 있을 뿐!

덕이 없는 사람은
부처님의 계율에 의지하지 않고
삼업三業을 지키지 않는다.
함부로 놀아 게을리 지내며
남을 깔보아 따지고 시비하기를 일삼는다.

한번 마음의 계율을 깨뜨리면 온갖 허물이 함께 일어난다.

評

이와 같은 마군의 무리는 말법에 불붙듯 일어나 바른 법을 어지럽히므로 공부하는 사람들은 잘 알아두어야 할 것이다.

계율을 지키는 데서 복덕이 나온다. 계율을 지키지 않으면서 복과 덕을 기원한다면 그것은 잘못된 것이다. 가장 기본적인 계율인 오계—불살생不殺生, 불투도不偸盜, 불사음不邪淫, 불망어不妄語, 불음주不飮酒—를 잘 지켜야 된다. 가령 어떤 사람이 살생 또는 도둑질을 일삼거나 사음을 하면서, 또 거짓말도 잘하고 폭음을 하면서 어쩌다 한 번씩 절에 와서 "부처님, 잘 살게 해주십시오" 기도한다면, 부처님께서 "어허, 그래 네가 와서 기도를 하니까 잘 살게 해주지" 하시지는 않는다는 것이다.

그러므로 오래 살고 싶으면 살생을 금하고, 부자가 되고 싶으면 도둑질을 하지 말아야 하며, 사람들의 존경을 받고 싶으면 삿된 음행을 하지 말고, 신뢰를 얻고 싶으면 거짓말을 하지 말며, 지혜롭고자 하면 술을 마시지 말아야 한다. 이것이야말로 '콩 심은 데 콩 나고 팥 심은 데 팥 난다'고 하는 인과의 기본 법칙이다. 불교를 믿는다는 것은 인과를 믿는다는 것이다. '콩 심은 데 팥 나고 팥 심은 데 콩 나는' 기적을 믿는 것이 아니다. 자신의 행위에 반드시 과보가 따름을—선한 행위에는 좋은 과보가, 악한 행위에는 나쁜 과보가 따름을 믿는 것이다.

함부로 생명을 죽이거나 남의 것을 훔치거나 삿된 음행을 하거나 거짓말을 일삼거나 음주로써 날을 지새우는 사람은 반드시 복이 감하게 되어 있다. 비록 지금 당장은 과거에 지은 복으로 잘 먹고 잘 살지 몰라도, 어느 일정 기간이 지나면 반드시 박복薄福해지는 것이다. 그러므로 불교를 믿어 부처님께 기도드리고 참선을 하고 경전을 공부하는 것도 중요하지만, 무엇보다 계율이야말로 근본이 됨을 명심해야 된다.

계율을 잘 지킨다는 것은 마치 저 흙탕물을 더 이상 흔들지 않고 놓아두는 것과 같다. 그러면 점차 흙이 가라앉아서 나중에는 맑은 물이 되고, 마침내 바닥까지 잘 들여다보이게 된다. 마찬가지로 계율을 한동안 지키다 보면 마음이 안정된다. 마음이 안정되면 세상사가 있는 그대로 보이게 된다. 세상사가 제대로 보이면 계율을 더욱 잘 지키게 된다. 이것을 불교의 삼학三學, 즉 계戒 · 정定 · 혜慧라고 하는 것이다. 몸뚱이도 에너지고, 말도 에너지고, 생각도 에너지다. 에너지를 선용善用하느냐, 악용惡用하느냐? 나에게 달려 있다. 내 작품이다.

40

만일 계행이 없으면
비루먹은 여우의 몸도 받지 못한다는데
하물며 청정한 지혜의 열매를 바랄 수 있겠는가.

註

계율 존중하기를 부처님 모시듯 한다면 부처님이 항상 곁에 계시는 것과 다를 바 없다. 모름지기 풀에 매어 있던 옛일이나, 거위를 살리던 옛일로써 본보기를 삼아야 할 것이다.

부처님께서 열반에 드실 때, 제자들이 질문을 했다. "부처님께서 안 계시면 누구를 스승으로 삼아야 됩니까?" 부처님께서는 "지금껏 여래가 설한 계율로써 스승을 삼거라" 하셨다. 그러므로 계율을 지니고 있으면 부처님을 곁에 모시고 있는 것이나 다름없다. 생전 부처님을 직접 옆에서 모셨다 하더라도 그 가르침을 따르지 않았으면 가까이 모셨다고 할 수 없고, 지금 부처님 육신은 열반에 드셨지만 부처님의 가르침을 실천하고 있는 이 순간 부처님의 법신은 내 옆에 있는 것이다.

여기서는 초계草繫 비구와 아주鵝珠 비구의 예를 들었다. 초계는 '풀로 묶어 놓았다'라는 뜻이다. 옛날 인도에서 어떤 비구가 길을 지나가다가 도둑을 만났다. 도둑은 스님에게서 빼앗을 게 별로 없자 그의 옷을 빼앗고 발가벗긴 채 풀에 매어 두고 가버렸다. 도둑이 떠난 후에 비구는 풀이 끊어질까 염려해서 꼼짝도 않고 더위와 굶주림을 참으며 사람이 지나가기만을 기다렸다. 때마침 사냥을 나왔던 왕이 그 모습을 발견하고는 비구를 풀어주었다. 왕은 그 비구에게 사연을 듣고 크게 감동해서 불교에 귀의했고, 그 이후 사냥을 금했다고 한다.

또 어떤 비구가 보석을 연마研磨하는 집에 걸식을 갔다. 마침 그 집의 주인이 왕의 부탁을 받고 값비싼 보석을 연마하고 있었다. 그런데 잠시 주인이 자리를 비운 사이에 그 집의 거위가 돌아다니다가 보석을 발견하고는 꿀꺽 삼켜버렸다. 스님은 미처 말릴 새도 없이 거위가 보석을 삼켜버리는 장면을 목격했다. 얼마 후에 주인이 돌아와서 보석이 없어진 것을 알고 깜짝 놀라 탁발 나온 비구를 의심하고 문책을 했다. 그렇지만 비구는 말없이 묵묵히 있었다. 왜냐? 자기가 본 대로 이야기하면 그것을 확인하려고 거위의 배를 갈라 볼 게 뻔하니까, 거위를 죽이지 않기 위해 묵묵히 있었던 것이다. 그러자 주인은 이 비구를 결박해놓고 몽둥이로 마구 때렸고, 비구에게서 상처가 나서 피가 바닥으로 떨어졌다. 그때 곁에서 어정거리던 거위가 흘린 피를 먹으려고 가까이 다가서자, 주인은 홧김에 발로 냅다 차버렸고, 거위가 죽었다. 그제야 이 비구는 입을 열어 자초지종自初至終을 말했다. 왜냐? 이미 거위가 죽었으니까.

이처럼 과거의 수행자들은 거위라든가 심지어는 풀까지도 그 생명을 아끼었거늘, 하물며 사람을 죽인다는 것은 상상도 할 수 없는 일이고 절대로 해서는 안 될 일이라고 여겼다.

41

생사에서 벗어나려면
먼저 탐욕과 애욕의 갈증을 끊어버려야 한다.

註

애정은 윤회의 근본이고, 정욕은 몸을 받는 인연이다. 부처님께서 이르시기를 "음란한 마음을 끊지 못하면 티끌 속에서 나올 수 없다" 하셨고, 또한 "애정에 한번 얽히면 사람을 끌어다가 죄악의 문에 처넣는다"라고 하셨다. 갈증이란 애정이 너무 간절함을 말한 것이다.

〈봄 여름 가을 겨울 그리고 봄〉이라는 영화가 있다. 이 영화 속 동승童僧은 노스님을 모시고 단둘이 호수 한가운데서 살고 있었다. 어느 날 도시에서 아리따운 여학생이 요양차 그곳으로 기도하러 온다. 그렇게 한동안 함께 지내다 보니 말 그대로 애정의 불이 붙었다. 결국 나중에는 동승이 이 여인을 따라 환속하게 된다. 환속을 해서 잘 살면 좋은데, 어느 정도 시간이 지나자 이제 여인이 딴마음을 품는다. 청년은 질투와 분노에 사로잡혀 결국 살인을 하게 되고, 도망 다니다가 다시 절로 돌아오게 된다. 계절이 순환하듯이 모든 것은 돌고 또 돈다.

이런 단편적인 이야기를 통해서 결국 인간은 애욕으로 인해 윤회를 하게 됨을 보여준다. 그리고 애욕에 한번 얽히면 죄악의 문에 들어가는 것도 시간문제다. 평상시라면 그런 행동을 안 했을 사람도 애욕에 얽혀서 질투심에 사로잡히면 별짓을 다 할 수 있는 것이다.

부처님 당시의 로히니 공주는 전생에 왕비였다. 어느 날 로히니 공주는 왕이 궁녀들 가운데 춤을 잘 추는 궁녀를 총애하여 그날 밤 자신의 궁에 돌아오지 않자, 질투심이 불같이 일었다. 로히니 공주는 지독한 가려움증을 유발시키는 까완초라는 독초를 하인들을 시켜서 그 궁녀가 사는 방의 침실과 옷에다 뿌리고, 또 직접 그 궁녀를 불러서 궁녀의 몸에 뿌렸다. 일단 질투에 눈이 머니 평상시에는 감히 상상도 못할 짓을 해서 그 궁녀로 하여금 상당한 기간 동안 가려움의 고통에 몸부림치게 했다. 그로 인해 로히니 공주는 금생에 문둥병을 앓게 되었던 것이다.

이것을 본 아나율 존자가 동생인 로히니 공주에게, 업장을 소멸시키기 위해서 공양간을 지어서 승단에 시주를 하고, 공양간이 지어지는 동안 계속해서 절에 와서 청소와 설거지 등 궂은일을 도맡아 하도록 권유했다. 마침내 공양간이 완공되는 날, 로히니 공주는 문둥병에서 완전히 벗어날 수 있었다고 한다.

불교에서 말하는 윤회는 결코 과거지향적인 것이 아니다. 비록 과거의 행위로 인해 현재의 과보를 받았지만, 현재의 행

충남 서산 마애삼존불

위로 인해 새로운 앞날을 창조할 수 있다고 하는 미래지향적인 것이다.

내 작품이기에 내가 고칠 수 있다. 바로 지금 여기서 마음을 고쳐먹고 새롭게 행동하면 팔자는 얼마든지 고칠 수 있다.

42

걸림 없는 청정한 지혜는 모두
선정禪定에서 나온다.

범부에서 뛰어나 성현의 지위에 들어가며, 앉아 벗고 서서 가는 것이 모두 선정의 힘이다. 그러므로 옛 어른이 이르기를, "성인의 길을 찾으려면 이 길밖에 없다"고 한 것이다.

진정한 지혜는 마음 쉬는 공부에서 나온다. 공부에는 두 가지 종류가 있다. 하나는 쌓아가는 공부이고, 하나는 놓아가는 공부다. 대개 사회에서 하는 공부는 쌓아가는 공부다. 지식과 명예, 재물을 쌓아가고, 어떻게 해서든 많은 것을 내 욕심껏 쌓고 모아가는 공부라고 할 수 있다. 그러나 그런 쌓아가는 공부를 통해서는 진정한 지혜를 얻을 수 없다. 지식은 증장增長할지 몰라도 지혜는 증장할 수 없다. 출가 공부는 놓아가고 쉬어가는 공부다. 놓아가는 공부를 통해서야 진정한 지혜가 나온다. 알음알이, 분별심, 몸뚱이에 대한 애착 등을 쉬어갈 때 진정한 지혜가 나온다.

필자도 출가하기 전에는 대학교, 대학원을 다니면서 책도 엄청 많이 봤다. 때로는 하루에 여러 권씩 보기도 했다. 그러나 처음에 출가해서 행자 생활을 하니까, 『초발심자경문初發心自警文』을 가지고서 하루에 서너 줄 공부하고 끝이었다. 하루 종일 그걸 외웠다. 청소하면서도 외우고, 설거지하면서도 외우고, 온종일 외워서 다음 날 강사 스님 앞에서 외워 바쳐야 했다.

다음에 계를 받고 강원講院에 입학했더니, 치문반 시절『치문경훈緇門警訓』이라는 책 한 권을 가지고 일 년 내내 보는 것이었다. 일 년 내내 책 한 권으로 공부한다? 처음에는 지루하기도 하고, '이렇게 공부해서 되려나?' 하는 의구심疑懼心도 생겼다. 하루에 한문 네다섯 줄 배우고, 오늘 배운 것을 다 외워서 내일 수업이 시작하기 전에 외워 바쳐야 한다. 그러니 당연히 진도도 많이 나갈 수 없고, 많이 나가는 것도 달갑지가 않았다. 왜냐하면 진도가 많이 나가면 많이 외어야 되니까.

이러다 보니까 차츰차츰 '아! 이게 진정한 공부가 아닌가!' 하는 생각이 들었다. 박학다식博學多識하게 이것저것 보고 듣고 얘기하고 세미나 발표하고 다닐 때에는 뭔가 많이 아는 것 같아도 진정 아는 게 없었다. 온전한 내 것이 아니었다. 그러나 몇 줄이라도 그것을 하루 종일 외워서, 음식을 씹되 백 번 이백 번씩 씹는 것처럼 완전히 소화하다시피 하니까 진정 내 것이 되었다. 또한 번뇌 망상이나 시비 분별심, 알음알이는 차츰차츰 쉬어감을 느끼게 됐다. 실제로 무언가를 외우는 데 집중하다 보면 망상을 떨 시간이 없게 되는 것이다.

그러므로 진정한 공부는 쉬어가는 공부이고, 쉬어가는 공부를 통해서 청정한 지혜가 나온다고 하는 것이다.

43

마음이 선정에 들면 세간世間의 일어났다
사라졌다 하는 모든 일을 밝게 알 수 있다.

註

햇살 쏘이는 문틈에 가느다란 티끌 고물거리고
맑고 고요한 물에 온갖 그림자가 또렷이 보인다.

아침 햇살이 쫙 내리쬘 때 창문 틈으로 햇살이 방 안으로 들어오면 유난히 먼지가 잘 보인다. 또 맑고 고요한 물에는 그림자가 더욱 또렷이 비춰 보인다. 마찬가지로 마음이 고요하고 밝으면, 세간의 생멸상生滅相을 잘 알 수 있다. 생生이라는 것은 일어남이고, 멸滅이라는 것은 사라짐이다. 몸뚱이는 생로병사生老病死를 체험하고, 마음은 생주이멸生住異滅을 거듭하며, 우주는 성주괴공成住壞空을 반복한다. 그러므로 모든 것은 한때이다.

모든 것이 한때임을 자각하게 되면, 애착이 쉬어진다. 변화하는 것이 정상이요, 변화하지 않는 것이 비정상이다. 남편의 사랑이, 아이들의 마음이 변하는 것이 정상이며 변하지 않는 것이 비정상이다. 남편의 사랑이 식었다고, 예전 같지 않다고 한탄하고 푸념하는 것은 일어남과 사라짐의 이치를 모르기 때문이다. 경제적 여건이, 사회적 상황이 변하는 것이 정상이며 변하지 않는 것이 비정상이다. 물가가 오른다고, 집값이 뛴다고 원망하고 한탄하는 것도 일어남과 사라짐의 이치를 제대로 알지 못하기 때문이다.

그러므로 변화하는 상황을 탓할 것이 아니다. 변화하는 가운데 변하지 않으려고 노력할 일이 아니다. 모든 변화를 당연시하고, 긍정적 변화를 적극적으로 모색하는 것이 잘 사는 비결이다. 변화에 적응하고 궁극적으로 변화를 주도해 나갈 수 있어야 한다.

선정을 닦으면 분별심은 쉬고 분별력은 증장한다. 선정을 닦는다는 것은 일체의 사리 분별 판단을 유보하는 것이다. 판단을 유보해서, 매사에 판사가 될 것이 아니고 바로 관찰자가 되어야 된다. 자꾸 세간사에 대해서 옳다 그르다거나 이익과 손해에 대하여 판결을 내리려고 들지 말고, 다만 그것을 관찰하는 마음가짐을 연습하다 보면, '아, 모든 것은 한때구나'라는 것을 여실如實히 알 수 있다.

그래서 아무리 어려운 일이 닥쳐도 '모든 것은 한때다. 내가 이 순간을 잘 견디어 넘기면 반드시 좋은 날이 온다'라는 확신을 가져야 되고, 또 모든 일이 잘될 때에도 '모든 것은 한때다. 내가 항상 이렇게 잘될 수만은 없겠지. 이렇게 잘나갈 때 보시 복덕을 쌓고, 마음공부를 해야겠다' 하는 마음가짐으로 산다면, 세간의 일어남과 사라짐의 현상에 대해 크게 동요하지 않는 경지에 이를 수 있다.

44

어떤 현실에 처해서도 마음이 흔들리지 않는 것을
나지 않음(不生)이라 하고,
나지 않음을 생각 없음(無念)이라 하며,
생각 없음을 해탈이라 한다.

계율이나 선정이나 지혜가, 하나를 들면 셋이 두루 갖추어져 있어서 홀으로 이루어진 것이 아니다.

어떤 경계境界에 처해서도 마음이 일어나지 않고 흔들리지 않는 것이 다시 태어나지 않는 비결이다. 마음속 중생이 원인이 되어서 현실의 중생이라는 결과로 나타나기 때문이다. 태어남은 늙고 병들고 죽는 것을 반드시 동반하게 되어 있다. 그러므로 애시당초 태어나지 않는 것이 상책이다. 영생을 갈구하는 이들도 있지만, 그것은 어리석음의 소치이다. 영생은 영원한 노 · 병 · 사를 수반한다. 존재하는 모든 것은 변화하기 때문이다. 변화하지 않는 것은 존재하지 않는다.

경계에는 두 가지가 있다. 역경계逆境界와 순경계順境界. 역경계는 우리가 흔히 말하는 고난苦難, 별로 달갑지 않은 상황을 말한다. 반면에 순경계는 바로 우리의 바람대로 이루어지는 것을 이른다. 그런 역경계나 순경계에 처해서도 마음이 일어나지 않는 것을 불생不生이라 하고, 불생이 진정한 무념無念의 상태이며, 무념이야말로 진정한 해탈解脫이다.

육조 혜능 스님이 말했다. "마음땅에 그릇됨이 없으면 그것이 자성의 계율이고, 마음땅에 산란함이 없으면 그것이 자성의 정이고, 마음땅에 어리석음이 없으면 그것이 자성의 지혜니라."〔心地無非自性戒 心地無亂自性定 心地無癡自性慧〕

우리의 자성自性, 즉 본마음 자리는 이미 계戒·정定·혜慧 삼학을 다 갖추고 있다. 다만 무너뜨리지만 않으면 된다는 것이다. 이것은 인간의 성품에 대한 절대 긍정 사상이다. 우리의 성품은 그 자체로 선한 것도 아니요, 악한 것도 아니다. 그대로 공한 것이다. 저 푸른 하늘처럼 텅 비어 있는 것이다. 거기에 시비심이라든가 산란심이라든가 어리석은 마음을 일으키지만 않으면 그대로 청정하다. 그러므로 '선도 생각하지 말고, 악도 생각하지 말라. 그럴 때 그대의 본래면목이 어떤 것이냐?'라고 묻는 것이다.

보수 선사는 장터에서 사람들이 주먹다짐을 하다가 나중에 서로 화해하며 "참으로 면목이 없네"라고 말하는 것을 듣고 깨쳤다고 한다. 본래면목은 무면목無面目이다. 무면목이므로 어떠한 면목으로도 나타날 수 있는 것이다.

45

도를 닦아 열반을 얻는다면 이것은 참이 아니다.
마음이 본래 고요한 것임을 알아야 이것이
참 열반이다.
그러므로 이르되,
"모든 것은 본래부터 늘 그대로 열반이다"라고
하신 것이다.

註

자기의 눈은 스스로 볼 수 없는 것이니, 자기 눈을 본다면 그것은 거짓이다. 그러므로 문수보살文殊菩薩은 생각으로 따졌는데, 유마힐維摩詰 장자는 말이 없었다.
이 아래로 세세한 행동을 낱낱이 들까 한다.

마음이 본래 고요한 것이 참 열반이다. 수행이라는 인因을 통해서 깨달음이라는 과果를 얻는다고 얘기한다면 그것은 참다운 깨달음이 아니다. 왜냐? 인과법因果法에서 벗어날 수 없기 때문이다. 인과법에 들어 있으면서 인과법을 깨친다고 하는 것은, 마치 다람쥐가 쳇바퀴를 돌리고 있는 것과 똑같다. 마음이 본래 고요하다는 것을 알아야 이것이 참 열반이다.

도오겐道元 선사가 말했다. "깨달음은 태초에 완성되어 있다. 어찌 닦아서 만드는 것이랴?"

닦아서 이루어진 깨달음이라면, 이 깨달음은 올바른 깨달음이 아니다. 조사선祖師禪에서는 이런 표현을 많이 쓴다. '수행과 깨달음이 곧 없지는 않지만 오염은 얻을 수 없다.'〔修證卽不無汚染卽不得〕 본래 자리 이것은 항상 적멸寂滅한 것이기 때문에 오염된다거나 때가 낀다거나 하는 일이 본래 없다. 왜냐? 공空

한 자리이기 때문에.

그럼, 뭐 수행하지 말라는 소리냐? 그렇다고 수행하지 말라는 소리는 아니다. 수행하라는 말이다. 수행을 하되, 본래 닦을 것이 있어서 닦는 것이 아니고, 몸이니 마음이니 하는 것이 본래 공한 것임을 잘 알고 닦아야 된다는 것이다.

문수보살은 생각으로 따졌는데 유마힐은 말이 없었다. 이것이 바로 유명한 『유마경維摩經』에 나오는 유마의 침묵에 관한 얘기다. 비록 유마힐 장자는 아무 말도 없이 침묵으로 답변했지만, 그 침묵이야말로 앞서 어떤 제자가 말한 표현보다도 가장 뛰어났다고 하는 것이다. 왜냐? '제법종본래 상자적멸상諸法從本來 常自寂滅相'이기 때문에.

이 말은 본래 『법화경法華經』「방편품方便品」에 나오는 게송이다. '모든 법은 본래로 좇아 항상 스스로 적멸한 모양이다.' 이것은 바로 중생을 고쳐 부처가 되는 것이 아니고, '중생이 그대로 본래 부처다. 본래 청정본연淸淨本然한 한마음에서 비롯되었다. 그러므로 모든 사물은 그대로 청정한 법신法身이며, 화신化身이고, 보신報身이다'라고 하는 것이다.

서울 종로구 구기동 마애여래좌상

46

가난한 이가 와서 구걸하거든
분수대로 나누어 주라.
한 몸처럼 가엾이 여기면
이것이 참다운 보시이다.

註

나와 남이 하나됨이 한 몸이다. 맨손으로 왔다 맨손으로 가는 것이 우리들의 살림살이가 아니겠는가.

어떤 사람이 오른쪽 주머니에 있는 돈을 왼쪽 주머니로 옮겨놓고 나서, "야~ 오늘 내가 좋은 일 했어"라고 말할 수는 없다. 본래 우리는 공수래공수거空手來空手去다. 빈손으로 왔다가 빈손으로 가는 인생. 내가 이 옷 한 벌만 걸쳐도, 비를 피할 집만 있어도 벌써 본전은 챙겼다고 생각해야 한다. 맨손으로 왔다 맨손으로 가니까 밑져야 본전이다. 이런 마음가짐으로 배짱을 갖고 베풀며 살아야 한다.

부처님께서 제타와나 수도원에 계실 때 코살라국의 부호 가운데 아뿌따까라는 사람이 있었다. 이 사람이 죽었는데, 자녀가 없어서 그의 재산은 당시의 법에 따라 국왕에게 귀속되었다. 그런데 그 부자는 이상한 습관이 있었다. 하인들이 맛있는 음식을 황금 접시에 담아 올리면 그는 오히려 화를 냈고, 평소에 쌀겨로 쑨 죽을 먹되 아주 식거나 시큼하게 된 것을 즐겨먹곤 했다. 또 화려한 옷이나 꽃가마, 일산 등을 싫어해서 아랫사람들이 그런 것을 올리면 야단을 쳤고, 그 대신에 아주 낡은 옷이나 남이 입다 버린 옷을 입었다.

이를 이상하게 여긴 국왕이 부처님께 그 말씀을 드리자, 부처님께서는 그가 그런 사람이 될 수밖에 없었던 전생담을 들려주셨다.

"그 사람은 전생에 빠쩨까붓다에게 음식 공양을 올린 적이 있었다. 하지만 곧 자신의 행동을 후회했다. '야, 이 음식을 차라리 집에서 일하는 하인 놈들에게 줄 걸 그랬다. 그랬으면 놈들은 나를 위해서 훨씬 더 열심히 일을 할 게 아닌가. 그런데 이 음식을 저 비구에게 주었고, 저 비구는 이것을 먹고 나서 잠이나 자겠지. 내가 쓸데없는 짓을 했구나.' 이렇게 후회하여 모처럼 지은 공덕을 훼손하게 되었다. 그뿐 아니고 자기 형님이 죽으면서 큰 재산을 남겼는데, 그 재산이 탐나서 조카를 죽인 일이 있었다.

그는 빠쩨까붓다에게 공양을 올린 공덕으로 일곱 번이나 부자로 태어나고 여러 번 천상에 태어났다. 그러고도 공덕이 남아서 이번에는 사왓티에 부호로 태어났다. 그렇지만 공양 올린 것을 후회했기 때문에 음식이나 의복 따위를 싫어하는 이상한 사람이 되었다. 또 재산을 탐내어 어린 조카를 숲속으로 유인해서 목 졸라 죽인 과보로 수백 생을 지옥에 태어나 고통을 겪어야 했고, 또 자녀가 없는 과보를 받았다. 이번 생에도 부자로 태어났지만, 별다른 공덕을 짓지 못해 죽어서 지옥에 떨어지게 되었다."

큰 재산을 가지고 있다는 것은 좋은 기회다. 하지만 그것을 선용善用하지 않고 오히려 탐착심만 더 늘어난다면, 그로 인해 지옥에 태어나는 과보를 받게 된다. 좋은 기회를 선용해서 디딤돌로 삼느냐, 탐착심만 늘어나는 걸림돌로 삼느냐? 나에게 달려 있다.

47

누가 와서 해롭게 하더라도
마음을 거두어 성내거나 원망하지 말아야 한다.
한 생각 성내는 데에
백만 가지 장애의 문이 열린다.

註

번뇌가 한량없다 하지만, 성내는 것이 가장 심하다. 『열반경』에 이르기를, '창과 칼로 찌르거나 향수와 약을 발라주더라도 두 가지에 다 무심하라' 하였다. 성내는 것은 찬 구름 속에서 불을 일으키는 것과 같다.

향수와 약을 발라주거나 창과 칼로 찌르거나, 두 가지에 다 무심하기는 참으로 어려운 일이다. 하지만 범상치 않은 인물이 되고자 한다면, 범상치 않은 생각과 행동을 해야 된다. 누가 나를 해롭게 한다고 해서 성을 내는 것은 누구나 할 수 있다. 누구나 할 수 있는 일을 하면 범상한 인물이 된다. 누가 나를 해롭게 하는데도 성을 안 내는 것은 누구나 할 수 있는 것은 아니다. 그리하면 범상치 않은 인물이 된다. 한 걸음 더 나아가, 자기를 해롭게 하는 상대방에 대해서 자비심을 일으킬 수 있다면, 그야말로 보살이자 성인이라고 말할 수 있다.

성을 자주 내는 사람은 공덕을 다 까먹게 된다. 이를테면 성내는 것은 불기운에 해당한다. 그동안 남들에게 잘 대해주고 베풀며 많은 공덕을 쌓았더라도, 성 한 번 벌컥 내버리면 그 공덕의 무더기에 불을 붙인 것 같아서 확 타버린다. 예컨대 어떤

충북 중원 미륵대원 석조여래입상

사람이 나한테 평상시에 잘해주었다 하자. 그래서 내가 '아, 저 사람 참 고마운 사람이다. 내가 언젠가 저 사람에게 좀 은혜를 갚아야지' 하고 마음먹고 있는데, 마침 별것도 아닌 일로 나한테 성을 바락바락 한두 번 내게 되면, 그 생각이 바뀐다. 그게 바로 성을 내면 자기가 지금껏 쌓아온 공을 한꺼번에 태워 없애버린다고 하는 것이다. 얼마나 낭비인가? 공덕을 쌓기는 어려워도 없애기는 쉽다. 성 한 번 버럭 내면 된다.

금강산 표훈사의 산내 암자인 돈도암頓道庵의 홍도弘道 비구는 병든 몸으로 누워 있던 자리에 바람이 불어 그 자리가 걷히게 되자, 화를 벌컥 내고는 뱀의 몸을 받았다. 후세 사람들에게 경계의 가르침을 주고자 꼬리로 다음의 글을 지었다고 한다.

'다행히 불법을 만나고 인간 몸을 받아서 오랜 기간 수행하여 성불에 가까워졌는데, 솔바람 불어 병석을 걷어버리니 벌컥 성을 내어 뱀의 몸뚱이 받았구나.'

이와는 반대로 별 이유 없이 자신의 뺨을 후려갈기고 침을 뱉으며 모욕을 준 바라문에게 담담히 대처한 사리붓다는 이렇게 관찰한다.

"내가 느끼는 이 불쾌함과 고통은 인연 따라 생겨난 것이다. 인연 따라 생겨난 것은 인연 따라 없어지기 마련이다. 불쾌함과 고통의 원인이 된 이 몸 역시 네 가지 요소로 구성된 덧없는 것이다. 따라서 '나' 또는 '나의 체험'이라고 고집할 만한 것이 아니다."

분노의 주인이 될 것인가, 분노의 노예가 될 것인가. 나에게 달려 있다.

48

참는 일이 없으면
보살菩薩의 육도만행六度滿行도
이루어질 수 없다.

닦아가는 길이 한량없지만 자비와 인욕이 근본이다.
참는 마음이 허깨비와 꿈이라면, 욕보는 현실은 거북이의 털과 같으니라.

자비慈悲와 인욕忍辱이 수행의 가장 근본이다. 중생에 대한 사랑과 인욕은 함께한다. 왜냐하면 사랑을 베푸는 데도 인욕이 필요하기 때문이다. 사람들은 대부분 사랑을 조금 베풀다가 내 뜻대로 상대방이 받아주지 않으면, 바로 성질을 내고 돌아선다. '나는 이렇게 너를 사랑하는데, 너는 왜 내 뜻을 모르느냐?' 하고 돌아서기 마련이다. 그렇게 되면 보살도를 닦을 수 없다. 그러므로 보살의 육도만행은 끊임없이 자비와 인욕을 근본으로 삼아야 된다.

'자慈'라는 것은 내 말을 잘 듣는 중생을 어여삐 여겨서 사랑하는 것이고, '비悲'는 내 말을 잘 안 듣는 중생을 가엾게 여겨서 사랑하는 것이다. 그래서 진정한 사랑은 자비慈悲가 되어야 한다. 내 마음에 들고 내가 하라는 대로 잘하니까 어여뻐서 사랑해주고, 나를 안 믿고 안 따르면 얄미워서 처벌하는 것은 진정한 사랑이라고 할 수 없다. 그것은 종교가 없는 사람도, 사랑이 없는 사람도, 누구나 하는 것이다.

하물며 종교인으로 사랑을 입에 담고 사는 사람들이라면 진정한 자비의 사랑을 해야 한다. 내 말을 잘 듣고 따르는 사람은 어여뻐서 사랑하고, 나를 안 믿고 불신하는 사람들은 가엾어서 사랑하는 것. 이것이 바로 보살의 사랑이고, 일체중생을 사랑하는 것이다. 그러므로 사랑에는 인욕이 필요하다. 인욕은 욕되는 일을 참아내는 것이다. 어떤 곤란이나 역경을 당하더라도 원망하거나 성을 내지 않는 것. 『금강경』에도 가리왕歌利王의 비유가 있다.

부처님께서 과거 전생에 수행자로 나무 밑에서 참선하고 계실 때, 가리왕이 궁녀들과 함께 그 근처에 야유회를 나왔다. 진탕 먹고 마시고 놀다가 왕이 피곤해서 잠깐 낮잠이 들었는데, 잠을 깨고 보니까 궁녀들이 다 사라졌다. 그래서 이 궁녀들이 어디 갔나 하고 근처를 찾다 보니 한 나무 밑에 수행자가 앉아 있고, 그 수행자 곁에 궁녀들이 둘러앉아서 뭔가를 아주 열심히 진지하게 듣고 있는 것이었다. 왕은 불현듯 질투심이 일어나서 그 수행자에게 물었다.

"네가 왜 나의 궁녀들을 데리고 희롱하느냐?"

"희롱하는 것이 아니고, 제가 참선을 하고 있었는데 이분들이 와서 이것저것 묻기에 지금 답변을 해주는 중입니다."

"그래? 네가 누군데?"

"저는 수행자입니다."

"수행자라면 참을성이 많고 인욕을 근본으로 한다는데, 그럼 네 팔뚝을 끊어도 되겠느냐?"

이런 식으로 해서 사지를 끊어냈지만, 이 수행자는 결코 원망하거나 성을 내지 않았다고 한다.

무아법에 통달했기 때문이다.

49

본래 천진天眞한 마음을 지키는 것이
으뜸가는 정진精進이다.

註

만일 정진할 생각을 일으킨다면 이것은 망상이지 정진이 아니다. 그러므로 이르기를, '망상 떨지 말라. 망상 떨지 말라!' 한 것이다. 게으른 사람은 늘 뒤만 돌아보는데, 이런 사람은 스스로 자신을 포기한다.

과거에 분주 무업汾州無業 선사는 누가 와서 무슨 말을 하든지 한결같이 대답하였다. "막망상莫妄想하라, 막망상하라." '본마음 참 나'의 자리는 청정무별淸淨無別한 자리인데, 좋은 생각은 거기에 흰 구름이, 나쁜 생각은 먹구름이 일어난 것이다. 흰 구름이든 먹구름이든 하늘을 가리는 것은 마찬가지다.

본래 완전한 나를 지켜 나간다. 여기에 바로 참선의 특징이 있다. 참선하고자 하는 사람은 누구나 먼저 이것을 터득해야 한다. 이것을 터득하지 못하고 참선을 한다고 가부좌를 틀고 앉아 있다 보면, 참선이 아닌 관법觀法이나 명상瞑想을 하게 된다. 참선은 철저히 본마음 자리에 초점이 맞추어져 있다. 그래서 이것은 완성을 향해서 가는 것이 아니고, 이미 완성되어 있는 마하반야바라밀의 상태를 지켜 나가는 것이다. 지금 이 겉모습은 진짜 내가 아니다. 일시적인 나이며, 거짓된 나다. '본마음 참 나'는 항상 크고 밝고 완전하다. 훼손되려야 될 수 없는 자리이다. 나와 마찬가지로 모든 사람이 다 그렇다. 결국 나는 물론 모든 사람에 대한 절대 긍정과 무한 가능성을 보는 것이 으뜸가는 정진이다.

가령 빳빳한 새 돈 만 원짜리나 꾸깃꾸깃한 돈 만 원짜리나 슈퍼마켓에 가면 똑같이 물건 만 원어치를 살 수 있다. 빳빳한 새 돈은 만 원어치 사고, 꾸깃꾸깃한 돈은 오천 원어치밖에 못 사느냐? 그렇지 않다. 비록 구겨져 있건 침이나 먼지가 묻어 있건 간에, 만 원짜리가 가지고 있는 고유 가치는 손상된 적이 없다. 마찬가지로 몸뚱이나 마음은 비록 오염되고 늙고 쭈글쭈글해졌을지라도, 우리가 갖고 있는 고유한 가치, 부처가 될 가능성, 무한한 가능성에는 조금의 흠집도 나 있지 않다.

그래서 육조 혜능 스님께서도 말씀하셨다. '심지무비자성계心地無非自性戒요, 심지무란자성정心地無亂自性定이요, 심지무치자성혜心地無癡自性慧'라고. 그러므로 마음에 파동이 일어날 때, 얼른 그것을 다스려주기만 하면 된다. 어떻게 다스리느냐? 그릇된 생각이 일어날 때 얼른 '마하반야바라밀', 산란한 마음이 일어날 때 얼른 '마하반야바라밀', 어리석은 생각이 일어날 때 얼른 '마하반야바라밀', 이렇게 '마하반야바라밀'을 염念하며 그 소리를 듣고, 듣는 성품을 돌이켜 듣다 보면, 그것이 그대로 자성의 계 · 정 · 혜 삼학을 실천하는 길이다.

50

진언眞言을 외는 것은,
금생에 지은 업은 비교적 다스리기 쉬워
자기 힘으로 고칠 수 있지만,
전생에 지은 업은 지워버리기 어려우므로
신비한 힘을 빌리려는 것이다.

註

마등기摩登祇가 법의 열매를 얻은 것은 거짓말이 아니다. 그러므로 신비로운 주문을 외우지 않고 마군魔軍의 장애障碍를 피하기란 어렵다.

불교는 자각自覺 신앙이다. 자각각타自覺覺他, 즉 스스로도 깨닫고 남도 깨닫게 해준다. 깨달음은 남이 대신해줄 수 없다. 부처님도 신도, 나 대신 깨달음을 얻어줄 수 없다. 다시 말해서 아침에 잠에서 깨어날 때 자신이 깨어나야지, 남이 나 대신 깨어날 수 없는 것과 마찬가지 이치다. 하지만 스스로 깨어날 수도 있고 남의 도움으로 깨어날 수도 있다. 예컨대 '내일 일곱 시에 일어나야지' 하고 잠들어서 아침에 자기 혼자 스스로 일곱 시에 딱 깨는 사람이 있다. 또 어떤 사람은 자명종을 켜놓고 잠을 자고, 부모님이나 다른 사람이 깨워줘서 깨어나는 경우도 있다. 어떻게 깨어났건 깨어난 것은 마찬가지다.

깨달음도 마찬가지다. 스스로의 힘으로 깨달음에 이를 수도 있고, 주위의 도움으로 깨달음을 얻을 수도 있다. 그렇다면 가장 이상적인 것은 무엇일까? 스스로도 노력하고 불보살님의 가피도 받는 것이 아닐까? 인因도 충실하고 연緣도 충실해야

과果가 충실한 것이다.

금생今生에 지은 업은 비교적 다스리기가 쉬워서 내 힘으로 고칠 수 있다. 왜냐? 스스로 아니까. 내가 무얼 잘못했는지, 누구에게 어떻게 사과를 해야 될지, 무엇을 고쳐야 될지 어느 정도 감이 잡힌다. 그래서 고칠 수 있다. 하지만 숙세宿世의 업은 기억조차 못하기에 없애기가 어렵다. 그래서 그런 숙업은 신력神力을 빌려야 하고, 반드시 신비로운 힘을 빌려야 된다. 그 신비로운 힘을 빌리는 비결이 바로 진언을 외우는 것이다.

마등가녀摩登伽女는 『능엄경』에 나오는 여인이다. 탁발 나온 아난존자가 우물가에서 물을 얻어먹을 때, 마등가녀는 아난존자를 보고 그만 반해버려서 어머니를 졸라대니 막무가내였다. 그녀의 어머니는 마침 주술의 대가였기에 주문을 걸어 아난존자를 홀려서 그녀의 집에 오게 한다. 그것을 부처님께서 미리 아시고, 그 주문을 풀어내는 주문인 수능엄주首楞嚴呪를 문수보살에게 알려주어서 구해오게 한다. 마침내 마등가녀와 아난존자가 부처님 앞에서 같이 전세의 인연에 대한 가르침을 듣고 마음의 눈이 열린다. 그것을 '법의 열매를 얻었다'라고 표현한다. 『선가귀감』은 선의 귀감이 되는 내용들이지만 '숙세의 업을 피해가는 가장 좋은 방법은 바로 신주를 외우는 것이다'라고 주장함으로써 타력적 가피를 권장하고 있다.

51

예배禮拜란 공경恭敬이며, 굴복屈伏이다.
참된 성품性品을 공경하고
무명無明을 굴복시키는 일이다.

몸과 말과 뜻이 함께 청정하면 그것이 곧 부처님의 나타나심〔出世〕이다.

부처님께 예배하는 것은 바로 공경심과 굴복심—참된 성품을 공경하는 마음과 무명을 굴복시키는 마음을 연습하는 것이다. 무명 중에 가장 큰 무명이 바로 '고정된 실체로서의 내가 있다'라는 생각과 '내가 잘났다'는 생각, 즉 아상我相이다. 그런 아상을 굴복시키는 게 바로 예배의 진정한 의미다. 쉽게 말해서 예배하고 절을 하는 것을 불가에서는 '하심공부下心工夫를 한다'고 말한다. 스스로 마음을 낮추고 겸허해지는 것이다.

불교의 수행은 마음공부인데 크게 세 가지로 정리할 수 있다. 첫째가 일심공부一心工夫, 둘째가 무심공부無心工夫, 셋째가 발심공부發心工夫다. 이렇게 일심 · 무심 · 발심의 본격적인 마음공부를 하기 전에 워밍업 과정에서 해야 할 마음공부가 바로 하심공부이다. 하심도 안 되는 사람이 일심 · 무심 · 발심이 될 수 없다. 그래서 출가해도 처음 행자 생활 때 계속 절을 시킨다. 보통 아침에 500배, 저녁에 500배, 하루에 최소 1000배씩 매일 절을 한다. 조석예불 끝나고 무조건 500배씩 하는 것이다.

부처님께 자꾸 절을 하는 것은 하심공부를 연습하는 것이다. 내가 마음을 낮추는 연습을 하기 위해서 몸부터 낮추는 것이다. 그렇게 해서 하심이 되면 비로소 마음공부를 할 수 있는 기본자질基本資質이 갖춰진다. 하심이 되어야 비로소 세간에 나타날 자격이 생긴다.

불가에서는 몸과 말과 뜻이 청정해지는 것을 진정한 출세라고 한다. 벼슬을 살고, 권세를 잡고, 재벌이 되는 것이 아니고, 진정한 출세는 신구의身口意 삼업三業이 청정淸淨해지는 것이다. 머리가 좋고 요령이 뛰어나야 출세하는 것이 아니다.

주리반특가周利槃特迦같이 머리도 안 좋고 근기가 열등하다고 할 수 있는 사람도 '수구섭의신막범守口攝意身莫犯하면 여시행자능득도如是行者能得道니라', 이 말 한마디로 공부를 해 마쳤다. '입을 지키고, 뜻을 거두고, 몸으로 함부로 범하지 아니하면, 이와 같이 행하는 자가 능히 도를 얻으리라.'

도를 얻는 방법은 간단하다. 첫째, 입을 잘 지켜야 된다. 내가 이 말을 해야 할 시기인가? 해야 할 장소인가? 해야 할 대상인가? 이걸 잘 가려서 하는 것이다. 둘째, 뜻을 거두어야 한다. 우리의 뜻은 대부분 밖으로 나가 있다, 돈이나 권력 따위에. 이것을 자기 마음 안으로 향해야 한다. 그다음에 몸으로 함부로 살생殺生, 투도偸盜, 사음邪淫, 망어妄語를 하지 않는 것. 그게 바로 도를 얻어 출세하는 지름길이다.

52

염불念佛이라 하는 것은 입으로 하면 송불誦佛이고,
마음으로 할 때 비로소 염불이 된다.
입으로만 부르고 마음으로 생각하지 않으면
도를 닦는 데 무슨 이익이 있을 것인가!

註

'나무아미타불.'

이 여섯 자 법문은 윤회를 벗어나는 지름길이다. 마음으로 부처님 세계를 생각하여 잊지 말고, 입으로는 부처님의 명호名號를 똑똑히 불러 헷갈리지 말아야 한다.

이와 같이 마음과 입이 서로 합치合致되는 것이 염불이다.

오조 스님이 이르기를 "자기의 참마음을 지키는 것이 시방세계의 부처님들을 생각하는 것보다 낫다"라고 하였다.

육조 스님은 "바깥세상의 부처님만 생각하면 생사를 면하지 못한다. 자기의 본심을 지켜야 곧 저쪽 기슭[彼岸]에 이른다"고 하였다. 또한 "부처는 자기 성품 속에서 이룰 것이지 자기 밖에서 구하지 말라" 하였다. "어리석은 사람은 염불하여 극락세계에 나고자 하지만, 깨친 사람은 그 마음을 스스로 깨끗이 할 뿐이다", "중생이 마음을 깨쳐 스스로 건지는 것이지, 부처님이 중생을 건져주는 것은 아니다"라고도 하였다.

위에 말씀한 여러 어른들은 본심本心을 바로 가리킨 것이고 다른 방편은 없었다. 이치대로 말한다면 참으로 그렇지만, 현상으로는 극락세계가 확실히 있고, 아미타불의 사십팔원四十八

願이 분명히 있다. 그러므로 누구나 열 번만 염불하는 이는 그 원의 힘으로 연꽃 탯속에 가서 나며 곧바로 윤회에서 벗어난다는 것을 삼세의 부처님들이 다 같이 말씀하시고, 시방세계의 보살들도 모두 그곳에 태어나기를 원한 것이다. 더구나 옛날이나 지금이나 극락세계에 왕생한 사람들의 행적이 분명하게 전해오고 있으니 공부하는 이들은 삼가 잘못 알지 말고 힘쓰고 힘쓸지어다.

범어의 아미타阿彌陀는 우리말로 '끝없는 목숨〔無量壽, Amitāyus〕' 또는 '끝없는 빛〔無量光, Amitabha〕'이란 뜻으로, 시방삼세에 첫째가는 부처님의 명호다. 그 수행 시의 이름은 법장 비구法藏比丘로, 세자재왕世自在王 부처님 앞에서 마흔여덟 가지 원을 세우고 말하였다. "제가 성불할 때에는 시방세계의 무수한 하늘과 인간들은 더 말할 것도 없고, 작은 벌레까지도 제 이름을 열 번만 부르면 반드시 저의 세계에 와서 나게 하여지이다. 만약 이 원이 이루어지지 못한다면 저는 성불하지 않겠습니다."

옛 어른이 말씀하기를 "염불 한 소리에 천마들은 간담이 서늘해지고, 그 이름이 저승의 문서에서 지워지며 연꽃이 금못에 나온다" 하였으며, 또한 참법에 이르기를 '자기 힘과 남의 힘이 하나는 더디고 하나는 빠르다. 바다를 건너가려는 사람이 나무를 심어 배를 만들려면 더딜 것이니 그것은 자기 힘에 비유한 것이고, 남의 배를 빌려 바다를 건넌다면 빠를 것이니 그것은 부처님의 힘에 비유한 것이다.' 또한 '어린애가 물이나 불에 쫓겨 큰 소리로 부르짖으면 부모가 듣고 급히 뛰어와 구원하는 것과 같이, 사람이 임종할 때에 큰 소리로 염불하면 부처님은 신통을 갖추었으므로 반드시 오셔서 맞을 것이다. 부처님의 자비는 부모보다 더 지극하고, 중생의 나고 죽는 고통은 물이나 불의 피해보다도 더 심하다'고 하였다.

어떤 사람의 "자기 마음이 정토인데 새삼스레 정토에 가서 날 것이 무엇이며, 자기 성품이 아미타불인데 따로 아미타불을 보려고 애쓸 것이 무엇인가"라는 말이 옳은 것 같지만 사실은 그렇지 않다. 저 부처님은 탐하거나 성내는 일이 없는데, 그럼 나도 탐하거나 성내지 않는가? 저 부처님은 지옥을 연화세계로 바꾸기를 손바닥 젖히듯 하는데, 나는 죄업으로 지옥에 떨어질까 겁만 내면서도 그걸 바꾸어 연화세계가 되게 한단 말인가. 저 부처님은 한량없는 세계를 눈앞에 놓인 듯 보시는데, 우리는 담장 바깥일도 모르면서 어떻게 시방세계를 눈앞에 본단 말인가. 그러므로 사람마다 성품은 비록 부처이지만 실제 행동은 중생이다. 그 이치와 현실을 말한다면 하늘과 땅 사이처럼 아득하다. 규봉圭峰 선사가 말하기를 "가령 단박 깨쳤다 할지라도 결국은 점차로 닦아가야 한다"고 하였으니 참으로 옳은 말씀이다.

그러면, 자기 성품이 아미타불이라는 사람에게 말해보자.

어찌 천생으로 된 석가여래와 자연히 생긴 아미타불이 있을 것인가. 스스로 헤아려 보면 저절로 알게 될 것이다. 임종을 당해 숨 끊어지는 마지막 큰 고통이 일어날 때에 꼭 자유자재하게 될성싶은가? 만약 그렇지 못하다면 한때에 배짱을 부리다가 길이 악도에 떨어지지 말아야 할 것이다. 또한 마명이나 용수가 다 조사이지만 분명히 말씀하여 왕생의 길을 간절히 권했거늘, 나는 어떤 사람이기에 왕생을 부정하는가. 부처님께서 친히 말씀하시기를 "서방정토가 여기에서 멀어 십만(십악) 팔천(팔사) 국토를 지나가야 한다"고 하신 것은 둔한 사람들을 위해 현상을 말씀하신 것이고, 어떤 때에 "정토가 멀지 않다", "마음(중생)이 곧 부처(아미타불)이다"라고 하신 것은 총명한 사람들을 위해 성품을 가르치신 것이다.

교문에는 권도權道(방편)와 실상이 있고, 말씀에는 드러남과 비밀이 있다. 아는 것과 행하는 것이 일치된 이는 멀고 가까움이 두루 통하게 될 것이다. 그러므로 조사의 문하에도 혜원처럼 아미타불을 부른 이가 있고, 서암처럼 주인공을 부른 이도 있었다.

염불을 욀 때 가장 중요한 포인트는 마음으로 해야 된다는 것이다. 『육조단경六祖壇經』에도 이런 말이 있다. '마하반야바라밀을 구념심행口念心行하라.' 즉 입으로 염하고 마음으로 실행하라는 것이다. 입으로는 "마하반야바라밀" 혹은 "관세음보살"을 외우면서, 마음은 집에도 갔다가 작년에 놀러갔던 바닷가에도 갔다가, 또 과거로도 미래로도 갔다가 하면 그것은 진정한 염불이라고 할 수 없다. 마하반야바라밀을 염하든 관세음보살을 염하든 자기가 염하고 있는 소리를 자기가 들어야 된다. 여기에 중요한 포인트가 있다. 왜냐? 그 소리를 듣고 있는 순간은 그 염불에 전념하고 있는 것이기 때문이다. 내 마음이 염하는 데에 집중해 있는 것이다. 그 소리를 듣고 있지 않는 순간은, 입으로는 염을 하되 마음은 다른 데 가서 놀고 있는 것이다.

마음과 입이 서로 합치되는 것이 진정한 염불이다. 그래서 입으로 부르는 소리를 마음으로 들어야 된다. 이것은 사실 귀로 듣는 게 아니라 마음으로 듣는 것이다. 그래서 꼭 소리를 내지 않고 속으로 하면서도 들을 수 있다.

또 서산 대사의 평석評釋에는 이런 말이 있다.

'본래 부처는 자기 성품에서 이루는 것이니 밖에서 구할 필요가 없다.', '중생이 마음을 깨쳐 스스로 건지는 것이지 부처님이 중생을 건져주는 것은 아니다.'

자기 힘과 남의 힘이 하나는 더디고 하나는 빠르다. 바다를 건너가려는 사람이 나무를 심어 배를 만들려면 더딜 것이니,

그것은 자기 힘(자력自力)에 비유한 것이고, 남의 배를 빌려 바다를 건너면 빠를 것이니 그것은 부처님의 힘(타력他力)에 비유한 것이다.

불교는 자력과 타력을 함께 쓴다. 자력만으로 깨달음에 이르고자 하는 사람은, 마치 지금부터 나무를 심어서 나무가 다 크면 그것을 잘라서 그걸로 배를 만들어 바다를 건너겠다는 사람과 똑같다. 이미 배는 불보살님께서 준비해놓았다. 우리는 다만 이것을 믿고 편승便乘해서 건너면 되는 것이다. 자력과 타력을 다 쓰는 것이 현명할 것이다.

53

경經을 들으면 귀를 거치는 인연因緣도 생기고
따라 기뻐하는 복도 짓는다.
물거품 같은 이 몸은 다할 날이 있지만
진실한 행동은 헛되지 않는다.

註

이것은 슬기롭게 배우는 것을 밝힌 것이니, 마치 금강석을 먹는 것과 같으며, 칠보를 받아 가진 것보다도 더 낫다. 영명 연수永明延壽 선사가 말했다.
"듣고 믿지 않더라도 부처의 종자를 심은 것이고, 배워서 이루지 못하더라도 인간이나 천상의 복을 능가할 것이다."

금강석은 먹으면 소화가 되지 않고 그대로 몸 밖으로 나온다. 이처럼 경을 들은 인연은 내생까지도 그대로 가져간다. 그러므로 작은 인연이라도 이렇게 지어놓으면 마침내 해탈의 경지에 이르게 된다. 시간문제일 뿐이다. 경을 듣고 설혹 아직 확실히 믿지 않더라도 부처가 될 수 있는 종자를 심은 것이고, 또 공부를 해서 아직 완전히 깨달음을 얻지 못한다고 하더라도 그 복은 인간이나 천상의 복을 능가한다.

불교에서는 삼난三難을 말한다. 인신난득人身難得이요, 불법난봉佛法難逢이며, 대도난성大道難成이라. 인간의 몸 받기 어렵고, 불법 만나기 어려우며, 큰 도를 이루기 어렵다. 사실 인간의 몸을 받는다는 것도 쉬운 일이 아니다. 육도윤회 중에 삼선도三善道에 해당하는 것이다. 나아가 수많은 종교 가운데 불교

경북 경산 팔공산 관봉 석조여래좌상

를 만난 것은 행운이 아닐 수 없다. 왜 그런가? 대부분의 종교는 '신을 섬기는 종교'지만, 불교는 잘 닦으면 '신이 섬기는 종교'이기 때문이다.

부처님께서 안거가 끝나는 날 미가라마따의 뿜바라마에서 모든 비구들과 함께 자자自恣—안거에 같이 들었던 스님들이 자신이 지은 죄를 다른 스님들 앞에서 고백하고 참회하는 행사—를 하려고 앞마당에 앉아 있었다. 아완띠국에 사는 마하깟짜야나 장로는 아주 먼 거리임에도 중요한 법회에는 정기적으로 꼭 참석하곤 했다. 그래서 대장로들이 차례대로 앉을 때 항상 마하깟짜야나의 자리를 비워두었다. 삭까 천왕이 천신들을 데리고 내려와 부처님께 천상의 향과 꽃을 올리며 예배했다. 삭까는 마하깟짜야나 장로가 보이지 않자 서운한 감정이 일었다. "마하깟짜야나 장로께서 왜 안 보이시는 거지? 그분이 계시다면 아주 좋을 텐데."

때마침 장로가 도착해서 자리에 앉자, 삭까는 "장로께서 오시니 정말 기쁩니다. 장로께서 오시기를 고대하고 있었습니다"라고 말하면서 향과 꽃을 올리고 삼배를 드리고 한쪽에 공손히 섰다. 비구들이 의아해하며 말했다.

"삭까 천왕이 사람을 차별해서 예를 올리는구나. 나머지 대장로들에겐 절하지 않으면서 유독 마하깟짜야나 장로에게만 절을 하다니."

부처님께서 이 말을 들으시고 말씀하셨다.

"비구들이여, 나의 아들 마하깟짜야나 장로와 같이 감각의 문을 항상 굳게 지키는 비구들은 신과 인간들이 모두 흠모한다."

부처님께서는 이 말씀에 이어서 법문하시고 게송을 읊으셨다.

"마부에 의해 잘 길들여진 말처럼 그의 감각기관은 고요하다. 자만과 번뇌가 다하고 팔풍八風에도 흔들리지 않는 그를 인간은 물론 신들도 존경한다."

부처님은 물론이고 그 제자인 마하깟짜야나 장로와 같은 경지에 이르게 되더라도, 인간은 물론 신들도 흠모하고 공경해 마지 않는다고 하는 것이다.

54

경을 보되
자기 마음속으로 돌이켜 봄이 없다면
비록 팔만대장경八萬大藏經을 다 보았다 할지라도
아무 이익利益이 없을 것이다.

註

이것은 어리석게 공부함을 깨우친 말이니, 마치 봄날에 새가 지저귀고 가을밤에 벌레가 우는 것과 다를 바 없다. 종밀宗密 선사가 이르기를, "글자나 알고 경을 보는 것으로는 원래 깨칠 수 없으며, 글귀나 새기고 말뜻이나 풀어보는 것은 탐욕이나 부리고 성을 내며 못된 소견만 더 일으키게 한다"라고 하였다.

경經을 볼 때, 그 경은 자기 마음을 가리키는 손가락이다. 달을 가리키는 손가락과 같아서 경을 통해서 자기 마음을 반추反芻하고 또 자기 마음을 닦고 성품을 보는 데 필요한 것이지, 경전의 글자 공부에만 치우쳐서는 안 된다. 어리석게 공부하는 것은 마치 봄날에 새가 지지배배 지저귀고 가을밤에 벌레가 귀뚤귀뚤 우는 것과 다를 바 없다. 경전을 읽을 때 그 의미를 반추하지 않거나 자기 마음공부의 자량資糧으로 삼지 않고, 단지 소리 내어 읽기에만 열중한다면 그것은 마치 봄날에 새가 지저귀는 소리, 가을밤에 벌레가 우는 소리와 다를 바 없다.

또한 경을 볼 때 글자 새기는 데만 열중해서는 안 된다. 물론 한 글자 한 글자를 정확하게 새기는 것도 중요하다. 하지만 글자를 올바로 새기는 것도 결국은 우리의 탐貪 · 진瞋 · 치癡를 없애기 위해서 필요한 것이다.

과거 부처님 당시에 글이 굉장히 능숙한 한 강사講師가 있었다. 그래서 강의를 많이 했는데 자기의 견해에 반대하거나 다른 의견을 표명表明하는 사람들을 모두 사견邪見으로 몰아붙였다. 그러다가 결국은 죽어서 지옥에 떨어졌고, 지옥고地獄苦를 받아 다음에 굉장히 아름다운 물고기로 태어났지만 입에서 악취惡臭가 풍겼다고 한다. 왜 그런가? 비록 경전을 설했지만 사견을 설했기 때문에 그것이 다음 생까지도 영향을 미친 것이다. 그래서 경을 볼 때는 올바른 안목을 갖고 볼 수 있도록 자신도 노력해야 하며, 올바른 안목이 무엇인지 선지식에게 가르침을 받아서 그것을 계속 보완해 나가야 된다.

종밀 선사는 『원각경』 읽는 소리를 듣고 깨쳤다. 또 육조 혜능 스님도 『금강경』 읽는 소리를 듣고 깨쳤다. 그러니까 오히려 경을 읽었던 사람은 못 깨쳤는데 경 읽는 소리를 들은 사람이 깨친 것이다. 이를 통해 보건대 경을 읽는 것보다 오히려 듣는 게 더 중요한 것이다. 거듭 말하거니와 종밀 선사는 재를 지내는 곳에 가서 『원각경』을 읽어주다가 그 소리를 듣고 마음이 열렸고, 육조 스님은 남이 읽는 『금강경』 소리를 듣고 본인이 마음이 열렸다. 그러므로 경전을 잘 듣고 그 의미를 잘 반추할 때 자기의 마음이 열린다고 하는 것이다.

55

공부가 도道를 이루기 전에 남에게 자랑하려고
한갓 말재주나 부려 서로 이기려고 한다면
변소便所에 단청丹靑하는 격이 되고 말 것이다.

말세末世에 어리석게 공부하는 것을 특별히 일깨우는 말이다. 공부란 본래 제 성품을 닦는 것인데, 어떤 사람은 남에게 자랑하기 위해서 하고 있으니〔全習爲人〕이 무슨 생각일까!

절을 한다든가 경을 본다든가 참선을 한다든가, 이런 것들이 모두 남에게 자랑하려고 하는 것은 아니다. 그러나 때때로 자기도 모르게 그것을 자랑삼아 이야기한 경우는 없었는지 반성해볼 일이다.

"내가 삼천배를 열 번이나 한 사람이야", "내가 참선을 이십 안거를 난 사람이야", "내가 『금강경』을 달달달 외우는 사람이야". 이런 생각과 표현이야말로 변소에 단청하는 격이 되고 만다. 화장실에도 단청해놓으면 보기는 좋다. 그러나 굳이 그렇게 할 필요가 없다.

여기 보면 전습위인全習爲人이라는 표현이 있다. '온전히 남을 위해서 닦는다'는 말이다. 수행자가 안으로 집중하지 않으면 겉으로 떠벌리게 마련이다. 우리 속담에도 '빈 수레가 요란하다'라는 말이 있다. 자기 마음속이 충실한 사람은 밖으로 떠벌리지 않지만 마음속이 허한 사람은 자꾸 밖에 관심을 두게 마련이다. 남의 마음 닦아주지 못해서 안달하는 사람, 남의 살림살이에 유난히 관심이 많은 사람, 남의 허물을 보는 데 뛰어난 능력을 갖춘 사람, 이런 사람들은 거의 대부분이 자기 스스로의 마음가짐이 부실한 사람이다.

자기 마음의 살림살이가 충실한 사람은 지금 내 마음공부 하기도 바빠 죽겠는데, 언제 남의 마음공부 시켜줄 겨를이 있으랴? 자기 마음도 자기가 닦기 어려운데 남의 마음까지 닦아주는 것은 어불성설語不成說이다. 그래서 이 공부는 남한테 자랑하려거나 말싸움에서 이기려고 하는 공부도 아니고, 스스로 자기 마음의 살림살이를 충실하게 하는 공부다.

자기 마음의 상태, 공부의 상태, 또 앞일에 대해서 가장 잘 아는 사람이 누굴까? 자기 자신이다. 자기 자신보다 스스로를 더 잘 아는 사람이 누가 있겠는가? 다만 바깥 것들에 자꾸 매이다 보니까, 자기 자신을 모르게 된 것이다. 그래서 밖에 대한 관심이나 반응 같은 것들을 일시적으로라도 쉴 필요가 있다. 그것이 바로 '분별심을 쉰다'라고 한다. 옳다 그르다, 맞다 틀리다, 이익이다 손해다, 나다 남이다, 이렇게 둘로 가를 수 있는 것은 전부 '분별심'이다. 그 분별심을 일시적으로라도 쉬게 되면, 분별력이 오히려 증장한다. 밖의 살림살이를 일시적으로 쉬니까 내부의 살림살이가 충실해지는 것이다.

경북 경주 남산 칠불암 마애여래좌상

남의 마음, 남편 마음, 아이들 마음, 부인 마음 등을 닦아주려고 안달하지 말고 내 마음부터 닦자. 내 마음부터 닦아서 궁극적으로는 주변 사람들의 마음이 바뀌게 하는 것, 그것이 바로 진정한 불자의 자세다. 그래서 남이 나를 행복하게 해주기를 기다리지 말고 내가 먼저 행복의 충만함을 느끼고 남들을 행복하게 해주는 것, 이것이 바로 행복 창조자이다. 진정한 불자라면 행복을 창조당하는 이가 되지 말고, 행복을 창조하는 이가 되어야 한다.

출가한 사람이 외전外典을 공부하는 것은
마치 칼로 흙을 베는 것과 같다.
흙은 아무 소용도 없는데
칼만 망가질 뿐이다.

註

문밖에 나와 놀던 장자네 아이들, 불붙는 집 안으로 도로 들어가는구나.

여기서 외전이라고 하는 것은 바로 불교 경전이나 어록 이외의 책들을 말한다. 출가인出家人이 외전을 먼저 익히면, 그것은 마치 칼로 흙을 베는 것과 같다. 칼로 진흙을 베면 칼이 상한다. 출가한 사람은 일단 내전內典을 익히는 데에 열중하고, 내전이 어느 정도 익어서 자기 것이 되었을 때 교화를 위한 방편으로 외전을 공부하는 것, 이게 제대로 된 순서다.

불교의 내전, 다시 말해서 경전이나 어록은 그 내용 대부분이 '본마음 참 나'의 자리로 돌아가는 데 중점을 둔다. 쉽게 말해서 '쉬는 공부, 놓는 공부' 쪽으로 초점이 맞춰져 있다. 그러나 외전은 대부분 그렇지 않다. 외전은 지식을 축적하고 알음알이를 증장시키는 공부가 대부분이다. 그러므로 먼저 내전 위주로 공부를 하고 완전히 익혀서 내전이 어느 정도 자기 것이 되었을 때, 교화의 방편으로 외전을 참고삼아 공부하는 것은 무방하겠지만, 내전을 익히지도 않은 상태에서 외전 위주로 공부를 하다 보면 깊이 있는 공부가 제대로 이루어질 수 없다.

처음에 출가하여 행자 생활을 할 때, 『초발심자경문初發心自警文』을 배운다. 고려 지눌의 「계초심학인문誡初心學人文」을 비롯해서 신라 원효의 「발심수행장發心修行障」, 고려 야운 대사의 「자경문自警文」은 행자 시절에 배우는 세 가지 글인데, 그 이외의 다른 책은 일절 못 보게 한다.

강원에 들어가서도 마찬가지다. 1학년 때는 『치문경훈緇門警訓』이라는 책 한 권을 보고, 2학년 때는 《사집(四集 : 서장書狀, 도서都序, 선요禪要, 절요節要)》, 3학년 때는 《사교(四教 : 금강경, 원각경, 능엄경, 대승기신론)》, 4학년 때는 《대교(大教 : 화엄경華嚴經)》를 공부하는데, 배우는 경전 이외에 다른 것은 못 보게 하고 꼭 필요한 외전 과목만을 공부한다.

거기다 선방에 다니면 그나마 일 년에 몇 권씩 보던 책들마저 다 놓아버리고 이제는 오직 화두話頭를 간看하고, 자신의 마음을 관觀하는 쪽으로 공부하게 한다. 왜냐? 진정한 공부, 진정한 선지식은 자기 마음 가운데 이미 갖춰져 있다고 보기 때문이다. 소리를 듣거나 책을 보거나, 이 소리를 듣고 뭔가를 보는 성품 자리를 밝히는 것, 이것이 가장 중요한 것이지 밖으로 쫓아다녀서는 승부가 나지 않는다. 계속해서 밖으로 쫓아다니는 사람은 몸과 마음만 바쁠 뿐, 진정한 자기 본마음 자리를 볼 수 없게 된다.

그러므로 가급적이면 세간에서의 반연攀緣을 일단 모두 쉬고, 자기의 본마음 자리를 보는 데 초점을 맞추어야 한다. 본마음 자리를 보고 난 다음에는 또다시 발심해서 중생 제도의 원을 세워 책도 보고 여러 가지 정보를 잘 활용해서 중생의 눈높이에 맞추어서 교화를 할 수도 있다. 그러나 본마음 자리를 향한 공부를 하기도 전에 세간에서와 똑같은 방법의 '쌓아가는 공부, 알음알이를 증장시키는 공부'를 하다 보면 본마음 자리를 볼 수 있는 공부는 점점 더 멀어진다고 하는 것이다.

출가出家하여 스님이 되는 것이 어찌 작은 일이랴!
편하고 한가함을 구해서가 아니고,
따뜻하게 입고 배불리 먹으려고 한 것도 아니며,
명예名譽와 재물財物을 구하려는 것도 아니다.
나고 죽음을 면하려는 것이며,
번뇌煩惱를 끊으려는 것이고,
부처님의 지혜智慧를 이으려는 것이며,
삼계三界에서 뛰쳐나와
중생을 건지기 위해서다.

가히 하늘을 찌를 대장부大丈夫라 할 만하다.

출가해서 공부하면 규모가 큰 생활을 하게 된다. 첫째로 집이 크다. 처음에 출가해서 행자 생활을 마치고 강원에 들어가면 큰방 생활을 한다. 방이 어찌나 큰지 보통 대중이 몇십 명씩, 때로는 몇백 명도 들어갈 수 있는 공간에서 먹고 잔다. 사가私家에서는 아무리 부자라도 그렇게 큰 방에서 생활하는 사람은 없을 것이다. 둘째로 정원이 크다. 예컨대 쌍계사만 해도 지리산이 온통 정원이요, 뒷동산이다. 그만한 정원 가진 사람이 없을 것이다. 셋째로 대중이 많다. 큰절에 살면 산중 대중이 최소한 몇십 명에서 몇백 명에 이른다. 또 가마솥에다 불을 때서 수십 명분 밥을 해먹다 보니 자기도 모르게 통이 커진다. 모든 생활공간이 커지니까 아무래도 그 영향을 입게 된다.

출가공부야말로 진짜 통 큰 대장부를 만든다. 세상에 수많은 종교가 있지만, 대장부를 만드는 종교는 불교라고 말할 수 있다. 누구나 열심히 공부만 잘 한다면 천신天神과 인간의 스승이 될 수 있다. 천인사天人師를 만드는 종교는 불교뿐이다.

세상에는 두 가지 종류의 종교가 있다. '신을 섬기는 종교'와

'신이 섬기는 종교'이다. 대부분의 종교는 신을 섬긴다. 하지만 불교에서는 잘 닦은 수행자는 오히려 신이 섬긴다고 말한다.

부처님 당시에 마하까사빠 존자가 칠 일 동안의 멸진정에서 일어나 탁발을 나간 적이 있었다. 이레 동안의 멸진정에서 나온 수행자에게 최초로 공양을 올리면 엄청난 공덕이 있다. 마하까사빠 존자는 되도록 가난한 사람에게 그 공덕을 주기 위해서 가난한 이들이 모여 사는 마을로 갔다. 그런데 하늘의 제석천왕이 이를 미리 알고 누추한 집의 노파로 변신하여 공양을 올렸다. 마하까사빠 존자는 가난한 노파가 올린 쌀밥과 카레에서 매우 좋은 향기가 나는 것을 이상히 여겨 추궁했다. 마침내 제석천왕은 아직까지 칠 일간의 멸진정에서 나온 수행자에게 최초로 공양을 올릴 기회가 없었기에 가난한 노파로 변신해 공양을 올린 것이라 실토하고 천상으로 돌아갔다. 부처님께서는 도량에 계시면서 이를 모두 아시고는 제자들에게 말씀하셨다. "여래의 아들 마하까사빠와 같이 마음이 잘 닦인 수행자에게는 천신의 왕도 존경하고 공양을 올린다."

천신과 인간의 스승이신 부처님은 물론이고, 부처님의 제자로서 아라한의 경지에만 이르러도 천신의 왕이 직접 공양을 올리는 것이다. 이야말로 진정한 대장부라 할 수 있는 것이 아닐까? 신을 섬기는 종교를 믿을 것인가, 신이 섬기는 종교를 믿을 것인가? 내가 선택한다. 내 작품이다.

58

부처님께서 말씀하시기를,
"덧없는 불꽃이 온 세상을 살라버린다"라고 하셨고,
또 "중생의 고통불이 사방에서 함께 타오른다.
모든 번뇌의 도둑이 항상 너희들을 죽이려고
엿보고 있다"고도 하셨다.
그러므로 수도인은 마땅히 알아차려서
머리에 붙은 불을 끄듯 해야 할 것이다.

註

몸에는 생로병사가 있고, 세계에는 성주괴공이 있으며, 마음에는 생주이멸이 있다. 이 무상한 고통의 불이 사방에서 함께 불타고 있다. 진리를 찾는 이들에게 삼가 이르노니, 부디 세월을 헛되이 보내지 말지어다.

머리카락에 불이 붙으면 신속迅速 정확正確하게 끈다. 다른 것 돌아볼 틈이 없다. 머리카락에 불이 붙어서 지금 머리가 뜨끈뜨끈한데 "아 잠깐, 나 여행 좀 갔다 와서 끌게", "아 잠깐, 우리 아이 대학 입학하고 나면 할게", "아 잠깐, 애들이 더 커야 돼", "잠깐, 돈 좀 더 벌어놓고. 집이라도 한 채 장만해놓고. 집 장만할 때까지는 일단 돈벌이에 전념해야 되니까, 나중에 할게" 이렇게 핑계를 댈 겨를이 없다.

"내가 사업 성공하고 나서 공부하지", "내가 집 장만하고 나서 공부하지", "내가 우리 아이 대학 입학시켜놓고 나서 공부하지" 이러다 보면 어떻게 되는가? 대학 입학하면 또 졸업할 때까지 기다려야 한다. 졸업하고 나면 또 직장에 취업하는 건 봐야 한다. 취업하고 나면 장가가는 건 봐야 한다. 이러다 저승사자가 닥치면 자기만 손해다. 내가 죽을 때 누구 하나 나 대신 죽어줄 사람은 없다. “아이고, 우리 어머니가 나를 위해서 평생을 고생하셨는데, 내가 대신 죽어야지.” 이럴 자식 하나도 없다. “내가 같이 가야지. 가시는 데가 지옥이든 축생이든 내가 같이 태어나야지.” 이럴 사람도 없다. 자기 인생은 자기가 갈무리해야 된다.

모든 것이 무상無常하다는 것을 알아야 한다. 몸뚱이는 생로병사, 즉 태어나고 늙고 병들어서 죽는다. 기약할 수 없다. 그런가 하면 우주宇宙는 성주괴공, 이루어지고 머물렀다 무너지고 공해진다. 마음은 생주이멸, 생겨나서 머무르고 바뀌어져 소멸해버린다. 이 세상 그 어느 것도 고정되어 있는 것이 없다. 그러니 ‘세월을 헛되이 보내지 말라’고 하는 것이다.

웰다잉에는 세 가지 차원이 있다. 초급 웰다잉은 생천生天, 천상에 나는 것이다. 중급은 불생不生, 다시 태어나지 않는 것이며, 고급은 원생願生, 원하는 대로 태어나는 것이다. 웰빙에도 세 가지 차원이 있다. 초급은 부귀영화를 누리는 것이며, 중급은 무아를 체험하는 것이다. 고급은 부처의 행을 수행하는 것이다. 초급 웰빙과 웰다잉을 하려면 일심공부에 투철하면 된다. 하지만 중급 웰빙과 웰다잉을 하려면 무심공부에 통달해야 한다. 끝으로 고급 웰빙과 웰다잉을 위해서는 발심공부를 연습해야 한다. 평생토록 초급생사에만 머물 것인가, 중급이나 고급 생사를 살아갈 것인가? 오로지 자신의 마음공부에 달려 있다.

59

세상의 뜬 이름을 탐하는 것은
쓸데없이 몸만 괴롭게 하는 것이고
이익을 따라 헤매는 것은
업의 불에 섶을 보태는 격이다.

註

세상의 뜬 이름을 탐한다는 것에 대해 어떤 사람의 시에 이렇게 적혀 있다.

기러기 하늘 멀리 날아갔는데
발자취는 모래 위에 지워지지 않고,
사람들은 저승으로 갔는데
그 이름은 아직도 집에 남아 있네.

또 잇속을 따라 헤맨다는 것에 대해서 어떤 사람의 시에
이렇게 적혀 있다.

꽃마다 찾으면서 애써 꿀을 모았는데
가만히 앉아 입을 다신 이는 그 누구일까?

쓸데없이 몸만 괴롭게 한다는 것은 얼음을 조각하여 예술품을 만들려는 것과 같이 소용없는 짓이다. 또 업의 불에 장작을 보탠다는 것은 빛깔이나 향기에 싸인 온갖 물건들이 실은 욕심의 불을 일으키는 재료에 불과하다는 것을 말한다.

사람들은 유명해지기를 바란다. 그래서 다른 사람들이 자기를 알아봐줬으면 하는 마음이 있지만, 사실 유명해진다는 것은 그만큼 몸이 괴로워지는 면도 있다. 평범한 사람처럼 자유롭게 어디 다닐 수도 없다. 유명세有名稅를 치르는 대신 그만큼 자기 행동반경은 좁아진다. 결국 몸과 마음이 구속당하게 된다.

또 사람들은 많은 세간의 이익을 추구한다. 그런데 너무 이익을 따라 헤매다 보면 업의 불에 장작을 더하는 것과 같다. 전생의 업이 어느 정도 다하면 소멸되는데, 계속해서 업생業生을 사는 이유는, 계속 새로운 업을 짓기 때문이다. 장작을 계속해서 대주니까 업이 그칠 날이 없고, 완전연소完全燃燒될 날이 없다. 완전히 타서 찌꺼기가 남지 않아야 되는데, 조금 없어질 만하면 새로 장작을 집어넣고 또 땔감을 집어넣어서 업의 불이 꺼질 날이 없다.

그래서 이익을 찾아 헤맨다거나, 뜬 명성名聲을 추구한다거나 하는 것들은 결국 윤회를 점점 가중시키는 결과를 가져온다. 우리의 목표는 윤회에서 벗어나는 것이다. 천상에 태어난다 하더라도, 역시 윤회에서 벗어난 것은 아니다. 천신들이 죽는 네 가지 경우가 있다. 첫째 수명이 다한 경우, 둘째 복덕이 다한 경우, 셋째 영양분이 다한 경우, 넷째 화를 낸 경우이다. 천신에게도 수명이 있다. 또한 수명은 아직 남았지만 복덕이

다하면 죽는다. 때로는 지나치게 쾌락에 탐닉하다가 영양분이 고갈되어 죽거나, 화를 심하게 내어도 죽는다. 결국 신도 죽는다.

60

이름과 재물을 따르는 납자衲子는
초야草野에 묻힌 시골 사람만도 못하다.

註

제왕의 자리도 침 뱉고 설산雪山에 들어가신 것은 부처님이 천 분 나실지라도 바뀌지 않을 법칙인데, 말세에 양의 바탕에 범의 껍질을 쓴 무리들이 염치도 없이 바람을 타고 세력에 휩쓸려 아첨하고 잘 보이려고 애쓰니, 아! 그 버릇 언제나 고칠까.

마음이 세상 명리에 물든 사람은 권세의 문에 아부하다가 풍진 세상에 부대껴서 도리어 세속 사람의 웃음거리가 되고 만다. 이런 납자를 양의 바탕에 비유한 것은 그럴 만한 여러 행동이 있기 때문이다.

납자衲子의 '납衲'은 원래 '누더기'라는 뜻이다. '누더기를 입은 수행자'라고 해서 납자라는 표현을 쓴다. 스님들이 입는 가사袈裟는 천 조각을 이리저리 기워서 빨아 입은 것이기 때문에 누더기다. 누더기를 입은 수행자가 이름과 재물을 따른다면 이것은 차라리 초야에 묻혀 사는 촌부村夫만도 못하다.

강원의 치문반 때 배우는 『치문경훈』을 보면 순치황제順治皇帝 출가시가 있다. 중국에 실제로 순치황제가 있었는데, 이 황제는 18년간 왕위에 있다가 나중에 출가를 한다. 출가를 할 때 자기의 마음을 대변하는 시를 지었는데, 그 시의 내용에 자신이 황제 노릇을 수십 년 했지만, 황제의 자리가 사실은 항상 노심초사勞心焦思하는 자리이며, 출가해서 반나절 한가함에 미치지 못한다는 표현이 있다.

출가해서 수다원과須陀洹果만 성취해도 황제가 되는 것보다 낫다. 왜 그럴까? 수다원과만 성취해도 최소한 삼악도三惡道에는 떨어지지 않는다. 그런데 수다원과를 성취하지 못하면, 황제에 올랐다가도 언제 또 어느 자리로 내려갈지 모른다. 오르락내리락 부침浮沈이 심하기 때문이다.

순치황제 출가시順治皇帝出家詩

도처에 총림이요, 쌓인 것은 밥이거늘〔天下叢林飯似山〕
발우 들고 가는 곳에 밥 세 그릇 걱정하리!〔鉢盂到處任君餐〕

황금과 백옥만이 귀한 줄 알지 마소.〔黃金白璧非爲貴〕
가사 장삼 얻어 입기 무엇보다 어렵다오.〔惟有袈裟被最難〕

내 자신이 이 국토의 주인 노릇하느라고〔朕乃山河大地主〕
나라와 백성 걱정, 마음 더욱 시끄럽네.〔憂國憂民事轉煩〕

백 년을 산다 해도 삼만 육천 날이건만 〔百年三萬六千日〕
풍진 떠난 이 산속의 반나절에 비할쏜가! 〔不及僧家半日閑〕

당초에 부질없는 한 생각 잘못으로 〔悔恨當初一念差〕
가사 장삼 벗어놓고 곤룡포를 둘렀다네. 〔黃袍換却紫袈裟〕

이 몸은 그 옛적에 서천축 스님인데 〔我本西方一衲子〕
그 어떤 인연으로 제왕가에 떨어졌나? 〔緣何流落帝王家〕

이 몸을 받기 전에 무엇이 내 몸이며, 〔未生之前誰是我〕
세상에 태어난 뒤 내가 과연 누구인가! 〔我生之後我爲誰〕

자라서 성인됨에 잠깐 동안 나라더니 〔長大成人纔是我〕
눈 한 번 감은 뒤엔 내가 또한 누구인가? 〔合眼朦朧又是誰〕

백 년의 세상일은 하룻밤 꿈과 같고 〔百年世事三更夢〕
수만 리 강산은 하나의 바둑판이라. 〔萬里江山一局碁〕

대우 씨는 9주 긋고, 탕 임금 걸을 치며 〔禹疏九州湯伐桀〕
진시황 6국 먹자, 한 태조가 새 터 닦네. 〔秦呑六國漢登基〕

자손들은 제 스스로 제 복 타고 났으니 〔兒孫自有兒孫福〕
후손을 위한다고 마소 노릇 그만하소. 〔不爲兒孫作馬牛〕

유구한 역사 속에 많고 많은 영웅들도 〔古來多少英雄漢〕
푸른 산 저문 날엔 한 줌 흙이 되는 것을! 〔南北東西臥土泥〕

날 적엔 기뻐하고 죽을 땐 슬퍼하나 〔來時歡喜去時悲〕
덧없는 인간 세상 한 바퀴 도는 것뿐. 〔空在人間走一回〕

애당초 안 왔다면 갈 일조차 없는 것을, 〔不如不來亦不去〕
기쁨이 없었는데 슬픔 또한 있겠는가! 〔也無歡喜也無悲〕

나날이 한가로움 내 스스로 알고 보니 〔每日清閑自家知〕
이 풍진 세상 속의 온갖 고통 여의는 것. 〔紅塵世界苦相離〕

입으로 맛들임은 시원한 선열禪悅의 맛, 〔口中吃的清和味〕
몸 위에 입고픈 건 회색의 가사일세. 〔身上願被白衲衣〕

5호와 4해 안에 가장 높은 손님 되어 〔五湖四海爲上客〕
부처님 도량에서 마음껏 노닐 적에 〔逍遙佛殿任君棲〕

세속을 떠나는 일, 하기 쉽다 말을 마소. 〔莫道出家容易得〕
숙세에 쌓아놓은 선근 없이 아니 되네. 〔昔年累代重根基〕

18년 재임 동안 자유라곤 없었노라. 〔十八年來不自由〕
땅 뺏는 큰 싸움을 어느 때나 그치려나. 〔山河大戰幾時休〕

내 이제 손을 털고 산속으로 돌아가니 〔我今撤手歸山去〕
천만 가지 근심 걱정, 아랑곳할 것 없네! 〔那管千愁與萬愁〕

경북 경주 골굴암 마애여래좌상

61

부처님께서 이르시기를,
"어찌하여 도둑들이 내 옷을 꾸며 입고,
부처를 팔아 온갖 나쁜 업을 짓고 있느냐!"라며
통탄하셨다.

말세의 비구에 여러 가지 이름이 있는데, '박쥐 중'이라고도 하고, '벙어리 염소 중'이라고도 하며, '머리 깎은 거사', 또는 '지옥 찌꺼기', '가사 입은 도둑'이라고 한다.

부처님을 판다는 것은 인과를 믿지 않고, 죄와 복도 없다 하며, 몸뚱이와 입으로 물 끓듯 업을 짓고, 사랑과 미움을 쉴 새 없이 일으키는 것이니 참으로 가엾은 일이다. 중도 아닌 체, 속인도 아닌 체하는 자를 '박쥐 중'이라 하고, 혀를 가지고도 설법하지 못하는 자를 '벙어리 염소 중'이라 하며, 중의 모양에 속인의 마음을 쓰는 자를 '머리 깎은 거사', 지은 죄가 하도 무거워 옴짝할 수 없는 자를 '지옥 찌꺼기', 부처님을 팔아 살아가는 자를 '가사 입은 도둑'이라 한다. 가사를 입은 도둑이기 때문에 이와 같은 여러 가지 이름을 얻게 된 것이다.

우리가 부처님의 제자, 불교 신도 등이라고 얘기하지만, 혹시 부처님을 팔아먹고 있는 것은 아닌지 생각해볼 필요가 있다. '부처님 덕 보려 하지 말고, 부처님이 내 덕 보게 하자'라는 마음가짐을 연습해야지, 어떻게 하면 부처님 덕을 많이 봐서 잘 먹고 잘 살까 한다면, 이게 바로 부처님을 팔아먹는 것이다. '그동안 내가 부처님의 덕을 봐서 이만큼이라도 살고 있지. 이제부터는 부처님이 내 덕 보게 하자'는 마음을 연습해야지, 어떻게 해서든 부처님 덕을 더 많이 봐서, 좀 더 잘 먹고 잘 살고 일이 잘되기를 바라는 것은 사실은 부처님을 팔아먹는 거다.

원래 비구는 부처님의 제자로서 출가 제자를 말한다. 그 출가 제자에 여러 가지 이름이 있다. 그중 '박쥐 중'은 새도 아니고 그렇다고 또 일반 들짐승도 아닌 듯 애매한 박쥐처럼 수행자修行者인지 속인俗人인지, 흔히 하는 말로 비승비속非僧非俗인 사람을 일컫는다.

또 '벙어리 염소 중'은 혀는 있지만 설법은 못하는 스님을 말한다. 부처님의 가르침을 배워서 법륜을 굴려야 되는데, 제대로 아는 게 없으면 법륜을 굴릴 수 없다. '머리 깎은 거사'는 모양은 스님의 모양을 하고 있지만 마음가짐이나 행동거지가 완전히 속인인 자로 '독거사禿居士'라고도 한다. 머리만 깎았을 뿐, 속인의 마음가짐을 버리지 못한 상태를 말한다. 또 '지옥 찌꺼기'는 지은 죄가 하도 무거워서 옴짝달싹하지 못하는 자를 말한다.

부처님을 팔아서 살아가는 자는 '가사 입은 도둑'이라 한다. 가사袈裟는 바로 출가수행자들이 입는 옷을 말하는데 원래 산

스크리트의 음을 그대로 음사한 것으로, 번역하면 잡색雜色이나 괴색壞色, 즉 원색이 아닌 여러 가지 색을 합친 색깔을 의미한다. 가사는 애당초 새 천이 아니라 남들이 입다 버린 옷이나 걸레 조각 같은 것을 모아 이리저리 기워서 만들기 때문에 색깔이 얼룩덜룩하다. 그래서 괴색, 잡색이다. 또는 복덕福德이 법복法服에서 나온다고 해서 가사가 복 밭(福田)을 상징한다고도 한다. 가사의 무늬가 밭두렁 논두렁처럼 네모반듯하게 좍좍 나 있어 복 밭을 상징하는 형태를 하고 있다.

그런데 '가사 입은 도둑'이라는 말은 한마디로 부처님을 팔아서 살아가는 자를 이야기한다. 비록 복색服色은 가사를 입어서 스님처럼 하고 있지만, 부처님의 가르침을 제대로 알지도, 남에게 전하지도, 제대로 실천하지도 못하고, 다만 부처님의 제자입네, 하고 부처님의 이름을 팔아서 살아가는 자를 말한다.

나는 이 가운데 어디에 속할까? 1번 박쥐 중. 2번 벙어리 염소 중. 3번 머리 깎은 거사. 4번 지옥 찌꺼기. 5번 가사 입은 도둑. 이 중 나와 가장 가까운 것은 누구일까?

62

아, 불자여!
그대의 한 그릇 밥과 한 벌 옷이
곧 농부들의 피요, 직녀의 땀이거늘,
도의 눈이 밝지 못하고야
어떻게 삭여낼 것인가.

㊟
『전등록傳燈錄』에 이르기를, '옛날 어떤 수도인은 도의 눈이 밝지 못한 탓으로 죽어서 버섯이 되어 시주施主의 은혜를 갚았다' 라고 하였다.

우리가 먹는 밥 한 그릇, 입는 옷 한 벌은 저절로 생긴 것이 아니다. 농부들의 피요, 직녀들의 땀이다. 많은 사람들의 노력과 수고가 합쳐져서 이런 옷을 입고 밥을 먹을 수 있다. 그래서 이에 대해 감사함을 느끼는 것은 물론, 정말 나의 수행이 이 공덕을 삭여낼 수 있을 것인가를 생각해야 된다는 것이다.

출가자들은 옷이나 밥 등 모든 시주물을 대할 때 항상 하는 질문이 있다. "능소能消?", "능히 녹일 수가 있는가?", "이 공덕을 내가 녹일 만한 도道의 눈이 열렸는가?", "전법傳法을 제대로 하고 있는가?", "공부를 옳게 하고 있는가?", "능소?" 이렇게 항상 스스로에게 반문한다. 이것을 내가 능히 소화할 만한 공덕이 있나?

『전등록』에 이와 같은 일화가 전해진다. 과거에 어떤 공부인이 있었는데, 단월(檀越 : 신도)의 시주를 받아가면서 공부를 했다. 그러나 끝내 도의 눈을 밝히거나 법륜을 굴리지 못하고 입적入寂하게 됐다. 그래서 자기가 고정적으로 시주를 받던 시주자 집의 마당에 심어진 나무에 버섯으로 자라나서, 주인이 그 버섯을 따서 국을 끓여 먹거나 찌개를 만들어 먹거나 했다고 한다.

주인의 시주 은혜를 갚지 못했기 때문에 결국은 그 집 나무의 버섯으로 태어나서, 따서 먹히고 따서 먹히고 해서 시주자의 은혜를 갚았다. 왜냐? 받아먹기만 하고 법륜을 굴리지 못했기 때문에. 자기가 마음을 밝혀서 하나라도 분명히 알아서 법륜을 굴리는 것이 바로 공덕을 갚는 비결이다. 그런데 날마다 받아먹기만 하고 바깥으로 법륜을 굴리지 못했기 때문에 결국 버섯으로 태어나서 몸뚱이를 바쳐서라도 그 은혜를 갚아야 되는 것이다.

세상에 공짜는 없다. 인과에는 한 치의 오차도 없다. 다만 시차가 있을 뿐. 누군가에게 무언가를 받을 때는, 이것이 과연 내가 공덕을 베푼 과보로 받는 것인지, 아니면 받았으니까 앞으로 내가 공덕을 베풀어야 할 것인지를 잘 생각해야 한다.

63

그러므로 말하기를,
"털을 쓰고 뿔을 이고 있는 것이 무엇인 줄 아는가?
그것은 오늘날 시주들이 주는 것을 공부하지
않으면서 거저먹는 부류의 미래상이다"라고 했다.
그런데 어떤 사람들은 배고프지 않아도 먹고
춥지 않아도 더 입으니 무슨 심사일까?
참으로 딱한 일이다.
눈앞의 쾌락이 후생의 괴로움인 줄을
도무지 생각하지 않는구나.

註

『지도론智道論』에 이르기를 '한 수도인은 다섯 낟알 좁쌀 때문에 소가 되어서, 살아서는 뼈가 휘도록 일하고 죽어서는 가죽과 살로 빚을 갚았다'고 했다. 한번 남의 신세를 지면 이렇게 갚지 않을 수가 없다.

'털을 쓰고 뿔을 이고 있는 것'은 바로 축생을 말한다. 시주자가 주는 것을 공부도 제대로 하지 않으면서 거저먹는 부류의 미래상이 바로 이것이다. 앞으로 죽어서 축생의 몸을 받을 확률이 많다.

불교를 믿는다는 것은 바로 인과법을 믿는 것이다. 말로는 불교를 믿는다고 하면서, '콩 심어놓고 팥 나기'를 기원한다든가, '팥 심어놓고 콩 나기'를 구걸한다든가 하는 것은 불교를 믿지 않는 것이다. 불교를 확고히 믿는다는 것은 인과법을 백 퍼센트 믿는 것이다. 인과법을 백 퍼센트 믿는 사람이 불교를 제대로 믿는 것이고, 자기 편리에 따라서 오십 퍼센트쯤 믿는 사람은 불교를 제대로 믿지 않는 사람이다. 오십 퍼센트쯤 믿는다는 게 무얼까? 좋은 일은 조금 해놓고 남들이 크게 알아주기를 바라는 것, 또 나쁜 일은 크게 해놓고 남들이 조그맣게 모르기를 바라는 것, 이것이 바로 인과법을 제대로 믿지 않는 것이다.

인과는 과거 · 현재 · 미래의 삼세인과三世因果가 있다. 삼세양중인과설三世兩重因果說, 즉 과거 · 현재 · 미래에 걸쳐서 과거에 지은 업을 지금 받는 것이고, 지금 지은 업은 미래에 받는 것이고, 지금 받는 이 자체는 연緣이지만 지금 새로 만들어 나가는 것은 새로운 인因이 되는 것이다. 즉 과거의 인이 현재의 연이며, 현재의 인이 미래의 연이다. 이런 것을 제대로 모르기 때문에 인과법을 제대로 믿지 못하는 것이다.

지리산에 가면 '우번대牛飜臺'라는 곳이 있다. 소가 번드친 곳, 즉 소가 몸을 바꾼 자리다. 문수보살과 함께 길을 가던 길상 동자가 한번은 논자락 옆을 지나가다가 쌀 다섯 낟알을 떨어뜨렸다. 남의 논바닥에 떨어진 것을 버릴 수도 없어 할 수 없이 다섯 낟알을 먹고, 그 과보果報로 소가 되어 그 자리에 서 있었다. 밭주인이 와보니까 주인 없는 소가 있기에 '누가 와서 찾아 가려나?' 하고 자기 집에 데려다 놓았는데, 주인이 찾아오지 않아서 그 소는 10년 동안 뼈 빠지게 그 집에서 일해주었다. 그러던 어느 날 갑자기 소가 사라졌다. 주인이 소를 찾아보니까 현재의 우번대 근처에서 죽어 있었다. '남에게 신세를 지고 갚지 않으면 언제든 다른 형태로라도 갚아야 된다.'

64

그래서 '차라리 뜨거운 철판을 몸에 두를지언정
신심 있는 이가 주는 옷을 입지 말며,
쇳물을 마실지언정 신심 있는 이가 주는 음식을
먹지 말고, 끓는 가마솥으로 뛰어들지언정
신심 있는 이가 지어주는 집에
거처하지 말라'고 한 것이다.

註

『범망경梵網經』에 이르기를, '파계破戒한 몸으로는 신심 있는 이가 베푸는 온갖 공양과 물건을 받지 않겠다고 다짐하라. 보살이 만일 이와 같은 원願을 세우지 않으면 경구죄輕垢罪를 범犯한다'라고 하였다.

시주물을 받아먹는 게 이렇게 두려운 일이다. 세상에 공짜가 없다. 인과因果는 역연歷然하다.

『범망경』은 대승경전의 하나로, 본래 120권 61품이나 되었는데 구마라습鳩摩羅什이 번역을 하면서 그중 열 번째 권인 「노사나불설심지계품盧舍那佛說心地戒品」만을 출간했다. 이것은 상 · 하 2권으로 되어 있는데, 상권에서는 심지법문心地法門을 설했고 하권에서는 보살계菩薩戒를 설했다. 이를 바탕으로 우리나라에서도 전국 각지에 보살계가 설해지고 있다.

사미계를 받으면 사미가 되고, 비구계를 받으면 비구가 되는 것처럼 보살계를 받으면 보살이 된다. 진정한 보살이 되기 위해서는 보살계를 받아야 한다. 보살계에는 10중대계十重大戒와 48경구계四十八輕垢戒가 있다. 열 가지 중대한 계율과 마흔여덟 가지 가벼운 계율이 있는 것인데, 마흔여덟 가지 가벼운 계율은 낱낱이 기억을 못한다 하더라도 최소한 열 가지 중대한 계율은 기억해야 한다.

열 가지 중대한 계로 먼저 '살생殺生 · 투도偸盜 · 음행淫行 · 망어妄語하지 말고, 그다음에 술을 팔지 말라'는 내용이 있다. 그런데, 48경구계에는 '술 마시지 말라'고 되어 있다. 보살계에서는 '술을 마시는 것'보다 '술을 파는 것'이 더 중요한 계율이다. 왜일까? 개인의 수행으로 보자면 마시는 게 중죄가 되겠지만, 보살의 수행에서 보자면 보살은 항상 자기보다 남을 먼저 배려하는 입장이기 때문에 마시는 것보다 파는 것이 남들을 취하게 만드는 것이니 더 중대한 계율이다. 이것이 보살계의 특색이다.

그다음에 '사부대중의 허물을 말하지 말라. 자기를 칭찬하고 남을 폄하하지 말라. 지나친 욕심을 내어 인색하거나, 성질내거나, 또는 어리석지 말라.' 이게 바로 보살의 열 가지 중대한 계이다.

65

그러므로 말하기를,
"수도인은 음식을 먹을 때에 독약을 먹는 것과
같이 하고, 시주의 보시를 받을 때는 화살을
받는 것과 같이 하라"라고 한 것이다.
수도인은 두터운 대접待接과 달콤한 말을
두려워해야 한다.

註

'음식 먹기를 독약 먹듯 하라'는 말은 도의 눈을 잃을까 두려워해서이고, '보시받기를 화살 받듯 하라'는 말은 도의 열매를 잃을까 두려워해서이다.

수행하는 사람은 음식을 먹을 때에 독약을 먹는 것과 같이 하고, '시주의 은혜가 여기에 얼마나 많이 담겼을까? 과연 내가 이 음식을 먹을 만한 자격이 있는가?'를 스스로 반추反芻하면서 음식을 먹어야 한다. 발우공양을 할 때에도 오관게五觀偈를 한다.

"이 음식이 어디에서 왔는가? 내 공덕으로 먹을 만한가?

마음을 방비하고 탐욕을 떠나 몸을 지탱하는 약으로 삼아 이 공양을 받습니다."

아울러 수도인은 두터운 대접과 달콤한 말을 두려워해야 된다. 여기저기서 대접받고 또 칭찬해주는 "훌륭하십니다", "대단하십니다" 같은 말을 두려워할 줄 알아야 된다.

불가에 '시은施恩이 일미칠근一米七斤'이란 말이 있다. 시주의 은혜가 쌀 한 톨에 땀방울이 일곱 근이나 서려 있다는 말이다. 시주의 은혜가 쌀 한 톨에 땀방울이 일곱 근이나 담겨 있다고 생각한다면, 내가 밥을 받아먹으면서 어떠한 마음가짐으로 받아먹을 것인가가 드러난다.

역경계보다 사실 더 조심해야 될 것은 순경계라고 하는 것이다. 세상을 살아가다 보면, 내 마음을 거스르는 경계가 있고, 내 마음에 따르는 경계가 있다. 그래서 일반적으로 사람들이 나쁜 일은 생기지 않기를 바라고, 좋은 일은 많이 생기기를 바란다. 하지만 윤회의 발목을 부여잡는 것은 오히려 순경계이다.

나쁜 일이 일어났을 때는 차라리 스스로를 돌아볼 계기가 된다. "아, 내가 과거에 무슨 죄를 져서 이런 일이 생겼을까?" "아, 내가 금생에 무얼 잘못해서 이런 일이 생겼을까?" 이렇게 스스로를 돌아보고, 스스로를 고칠 수 있는 계기가 된다. 그러나 좋은 일만 생기고, 주변에서 나를 칭찬해주는 사람만 있고, 또 매사가 순탄하게 풀리기만 하면 이 사람은 스스로를 돌아볼 기회가 점점 없어진다. 그렇기 때문에 조심해야 될 것이 사실은 순경계이다.

66

도를 닦는 이는 하나의 숫돌과 같아서
장 서방이 와서 갈고 이 서방이 와서 갈면
남의 칼이야 잘 들겠지만
내 숫돌은 점점 닳아 없어질 것이다.
그런데 어떤 사람들은 도리어 남들이 와서
나의 돌에 칼을 갈지 않는다고 걱정하니
참으로 딱한 일이다.

註

이와 같은 수도인은 평생소원이 오로지 배불리 먹고 따뜻이 입는 데만 있는 것일까.

장 서방이 와서 먹을 것을 보시하고 이 서방이 와서 입을 것을 보시하면, 그들에게는 보시공덕이 되겠지만, 도 닦는 이는 숫돌이 닳아 없어지듯 도력이 무뎌진다는 의미이다. 그러므로 수도인은 먹을 것, 입을 것을 탐하지 말고, 오로지 도 닦는 데 마음의 초점을 맞추어야 한다는 것이다.

원효 대사는 「발심수행장」에서 말했다.

'재물을 아끼고 탐함은 마구니의 권속이요, 자비로써 보시함은 법왕의 자녀니라. 높은 산 험한 바위는 지혜 있는 이가 거처할 곳이요, 푸른 솔 깊은 골짜기는 수행하는 이가 깃들 곳이니라. 시장하면 나무 열매를 먹어서 주린 창자를 위로하고, 갈증나면 흐르는 물을 마셔서 목마른 생각을 쉴지니라.

맛있는 것을 먹어서 소중히 길러도 이 몸은 결정코 무너지고, 부드러운 옷을 입어서 지켜 보호하여도 목숨은 반드시 마침이 있느니라.'

삼 일 동안 닦은 마음은 천 년의 보배요, 백 년 동안 탐한 몸뚱이는 하루아침에 재가 된다. 배불리 먹고 따뜻이 입는 것은 세간 사람들이 바라는 바이다. 나물 먹고 물 마시고 들판에 앉아 있어도 부러울 것이 없어야 진정 도 닦는 사람이다. 무언가를 소유한다는 것은 그만큼 소유당하는 것에 다름없다.

세상의 정복자 알렉산더 대왕이 당시의 대철학자인 디오게네스를 만났다. 빈 나무통을 집 삼아 허름하기 짝이 없는 누더기 옷을 입고 앉아 있는 디오게네스를 보고, 원하는 것은 무엇이든 다 들어줄 테니 말해보라 하였다. 그때 디오게네스는 이렇게 말했다고 한다. "옆으로 좀 비켜 서주시오. 당신이 빛을 막아 그늘이 져서 햇볕을 쬘 수 없으니……."

도 닦기와 복 닦기는 다르다. 도는 윤회를 벗어나게 하고, 복은 윤회를 부드럽게 해준다. 복을 많이 닦아 세상만사가 잘 풀리고 사는 데 어려움이 없으면 도 닦을 마음은 일어나지 않게 마련이다. 오죽하면 복은 삼생三生의 원수라는 말이 있겠는가? 복을 쌓느라고 한생, 누리느라 한생, 까먹느라 한생, 이렇게 오르락내리락 반복하며 사는 것이 바로 윤회다. 계속해서 윤회를 하고자 한다면 몰라도, 그렇지 않으면 복을 탐해서는 안 된다.

67

옛말에 또한 이르기를
'삼악도의 고통은 고통이 아니다.
가사를 입었다가 사람 몸 잃는 것이
돌이킬 수 없는 고통이다'라고 했다.

註

옛 어른이 이르기를 "금생에 마음을 밝히지 못하면 한 방울 물도 삭이기 어려우니라"라고 했는데, 이것이 이른바 '가사를 입었다가 사람의 몸을 잃는다'는 것이다. 불자여, 불자여, 분격하고 분격할지어다.

가사袈裟는 바로 분소의라고 해서 누더기나 똥걸레로 쓰다가 남은 것들을 조각조각 기워서 입는 옷을 말한다. 출가해서 가사옷 얻어 입기가 진정 어려운 일인데, 정녕 도를 깨치지도 못하고 사람 몸을 잃는다면 돌이킬 수 없는 고통이 아닐 수 없다.

중국 송나라 때 쌍림성의 한 절에서 오계승과 칠계승이라고 하는 스님이 공부를 하고 있었다. 하루는 칠계승이 밖에 나갔다가 한 여자아이가 홀로 울고 있기에 그 아이를 데려오다가 어느 찻집에 이르러 주인에게 은 몇 냥을 주고 맡기게 되었다. 그 후 16년이 흘러 이 아이는 꽃다운 처녀로 자라났고, 마침내 칠계승과 정을 통하게 되었다. 이를 알게 된 오계승으로부터 지적을 받게 된 칠계승은 부끄러운 심정에 스스로 목숨을 마쳤다. 그 후 흰 장닭으로 태어나자, 사형이었던 오계승이 이 닭

경북 경주 굴불사지 사면석불

을 사서 절문 입구에 두어 스님들의 경 읽는 소리를 듣게 하였다. 그러나 그 닭은 얼마 후 죽어 소주의 소가蘇家의 집에 태어나 호를 동파東坡라 하고 이름을 자첨이라 하였다.

소동파는 18세에 과거를 보러 가다가 한 스님이 술집에서 만취하여 주먹을 휘두르는 것을 보고 자신이 급제하면 마땅히 승려들의 성 안 출입을 금하리라고 결심한다. 마침내 그는 서울에 올라가 대과에 급제하였고, 그 뒤 소주자사로 부임하게 되었다. 그때 소동파는 과거의 일이 생각나 승려의 도성 출입을 금하는 글을 지어 고시하게 된다.

한편 이 소문을 들은 호악사虎岳寺의 불인佛印 선사는 소동파를 만나 그로 하여금 자기는 그 옛날 칠계승의 후신이고, 불인 선사는 오계승의 후신임을 깨우쳐주었다고 한다.

금생에 불법을 만나서도 도를 얻지 못하고 이 몸을 잃는다면, 다시 어느 생을 기다려 이 몸을 제도할 것인가?

68

우습구나, 이 몸이여.
아홉 구멍에서는 항상 더러운 것이 흘러나오고,
백천 가지 부스럼 덩어리를
한 조각 엷은 가죽으로 싸놓았구나.
또한 가죽 주머니에는 똥이 가득 담기고
피고름 뭉치라, 냄새 나고 더러워
조금도 탐하거나 아까워할 것이 없다.
더구나 백 년을 잘 길러준대도
숨 한 번에 은혜를 등지고 마는 것을.

註

위에 말한 모든 업은 이 몸 때문에 생긴 것이니, 소리쳐 꾸짖고 크게 깨우침이 있어야 할 것이다. 이 몸은 애욕의 근본이라 허망한 줄 알게 되면 온갖 애욕도 저절로 사라질 것이다. 이를 탐착하는 데서 한량없는 허물과 근심 걱정이 일어나게 되므로 여기 특별히 밝혀 수도인의 눈을 뜨게 하려는 것이다.

네 가지 요소로 이루어진 이 몸에는 주인될 것이 없으므로 네 가지 원수가 모였다고도 하고, 은혜를 등지는 네 가지 것들이므로 네 마리의 뱀을 기른다고도 한다. 내가 허망함을 깨닫지 못하므로 남의 일로 화도 내고 깔보기도 하며, 다른 사람도 허망함을 깨닫지 못한 까닭에 나로 인해 성내고 업신여기는 것이다. 이는 마치 두 귀신이 한 송장을 가지고 싸우는 것과 다를 바 없다. 그 송장을 가리켜 '물거품 뭉치'라 하고, '꿈 덩어리' 혹은 '고생 주머니', '거름 무더기'라고도 하니, 빨리 썩어버릴 뿐 아니라 더럽기 짝이 없다. 위에 있는 일곱 구멍에서는 항상 눈물과 콧물이 흐르고, 아래 두 구멍에서는 대소변이 흘러나온다. 그러므로 대중과 섞이려면 밤낮으로 몸을 깨끗이 해야 한다. 몸가짐이 부정한 사람은 선한 신장들이 반드시 등져버린다고 한다.

『인과경因果經』에 이르기를 '더러운 손으로 경전을 만지거나 부처님 앞에서 침을 뱉는 사람은 내세에 뒷간 벌레가 될 것이다' 하였다. 『문수경文殊經』에는 '대소변을 볼 때에는 목석처럼 하며, 말하거나 소리내지 말고, 벽에 낙서도 말며 함부로 침 뱉지도 말라', 그리고 '변소에 다녀와서 깨끗이 씻지 않고는 좌선하는 자리에 앉지 말며 법당에 들어가지도 말라'고 했다.

아직 젊거나 그렇게 연로年老하지 않은데도 갑자기 하루아침에 이 세상을 떠나는 사람들이 종종 있다. 그럴 때 사람들은 강 건너 불구경하듯 한다. 내게 일어날 일이라고는 생각하지 않고, "아이고, 어째 그런 일이 생겼을까!" 하고 여전히 자기 몸뚱이 착着을 가지고 살아간다. 그러나 이 몸뚱이는 사실 기약할 수 없는 것이다.

부처님 당시 네 명의 수행자가 나무 밑에 앉아 이야기를 했다. 이 세상에서 가장 괴롭고 고통스러운 것은 무엇인가? 이에 대해 한 수행자는 이성에 대한 욕구, 또 한 수행자는 화내는 일, 또 한 사람은 배고프고 목마른 것, 마지막 수행자는 불안과 공포를 내세웠다. 이때 부처님께서 그 곁을 지나다가 말씀하셨다.

"너희들은 아직 괴로움의 뜻을 온전히 모르고 있다. 이 몸보다 괴로운 것은 없느니라. 배고프고 목마른 것과 추위와 더위, 미워하고 화내는 것, 놀라고 두려워하는 것, 색욕과 원한도 모두 이 몸이 있기 때문에 생기는 것이다. 이 육신이란 모든 괴로움의 근원이며 재난의 뿌리이다. 우리가 마음이 괴롭고 애를 태우며 걱정하고 두려워하는 것과 중생이 서로 해치면서 다투는 것이 다 이 몸 때문이다. 그러므로 온갖 괴로움에서 벗어나려면 적멸, 즉 열반을 구해야 한다. 생각을 거두어들여 여러 가지 욕망에서 벗어나야 비로소 진정한 행복인 열반에 이를 수 있다. 이것이 가장 즐거운 일이다."

몸뚱이는 체험학습의 자료다. 이것을 너무 애착해서도, 또 너무 소홀히 해서도 안 된다. 적당히 먹여주고 입혀주고 재워주고 해야 된다. 다시 말해서 몸뚱이에 대해서 소유의식을 갖지 말고, 관리자의 의식으로 살아야 한다. 이 몸뚱이가 '내 것이다', '고정불변의 실체가 있다' 하는 소유의식에서 떠나서, 관리자의 시각에서 이 몸뚱이를 소중한 체험학습의 교재로 여겨야 한다. 그래야 같이 있는 동안은 잘 관리하다가, 관리 시효가 다하면 미련 없이 떠날 수 있다. 이 몸을 내 것이라고 애착하고 살면, 죽어서도 미련 없이 떠나지를 못하고 그 주변을 맴돌게 된다. 이른바 중음신中陰身이 된다.

69

허물이 있거든 곧 참회하고
잘못된 일이 있으면 부끄러워할 줄 아는 데에
대장부의 기상이 있다.
그리고 허물을 고쳐 스스로 새로워지면
그 죄업도 마음을 따라 없어질 것이다.

註

참회懺悔란 먼저 지은 허물을 뉘우치고, 다시는 짓지 않겠다고 맹세하는 일이다. 부끄러워한다는 것은 안으로 자신을 꾸짖고 밖으로는 드러내는 일이다. 그러나 마음은 본래 비어 고요한 것이므로 죄업도 붙어 있을 곳이 없다.

참회라는 것은 본인이 지은 허물을 뉘우치고 다시 짓지 않겠다고 맹세하는 일이다. 허물이 있거든 곧 참회하고, 또 잘못된 일이 있으면 부끄러워할 줄 아는 데에 장부의 기상이 있다. 다시 말해서 잘못을 저지른 것을 부끄러워하지 말고, 잘못을 저지르고 나서 뉘우칠 줄 모르는 것을 부끄러워해야 된다는 말이다.

사람이 살아가다가 간혹 잘못을 저지를 수 있다. 그럴 때 얼른 "아, 내가 잘못했구나" 스스로 인정하고, 그것을 고쳐 나가면 된다. 그런데 그것을 인정하지 않고, 고칠 생각이 없다면 더 큰 잘못을 불러일으키게 되어, 처음에 소소했던 잘못이 점점 더 커진다.

불교에서 참회는 다른 종교에서의 회개悔改와는 다르다. "내가 죄인입니다"라는 얘기가 아니다. 죄라는 것도 본래는 알고 보면 공한 것이다. 이것을 터득하는 것이 진정한 참회다. 왜냐? 내 자신이 공한 존재이기 때문에, 공한 존재가 저지른 업이라는 것 역시 공할 수밖에 없다.

우리의 본래 마음은 공한 것인데, 거기서 분별심이 불뚝불뚝 일어나서 바로 탐 · 진 · 치 삼독심이 생겨나게 된다. 그러므로 탐 · 진 · 치 삼독심을, 욕심낸 것을 차근차근 하나씩 현재부터 과거로, 또 성질낸 것을 하나씩 현재부터 과거로, 그 밖에 일어나는 어리석은 모든 생각을 현재부터 과거로 참회하면 된다.

또 무조건적인 참회가 진정한 참회다. 참회를 할 때 어떤 사람은 조건부條件附 참회를 한다. "내가 이러이러한 욕심을 냈지만 그것은 살아가다 보면 어쩔 수 없이 낼 수밖에 없는 욕심이다"라고 생각하는 것이 조건부 참회다. 어느 것은 참회하지 않아도 되고, 또 다른 것은 너무 지나쳤기 때문에 참회한다. 성질낸 것도 마찬가지다. "내가 이렇게 성질을 냈지만 그것은 내가 아닌 누구라도 아마 그런 상황이면 성질을 냈을 것이다. 그러니까 요것은 참회할 해당 사항이 아니고, 무리하게 성질낸 것만 참회한다." 이것은 참회가 아니다. 합리적으로 따져서 참회해서는 안 되고 무조건 욕심낸 것, 성질낸 것, 어리석은 것을 차근차근 현재부터 과거로 거슬러 올라가면서 참회해야 된다.

그럼 상대방이 잘했고 내가 못해서 참회를 하느냐? 그것이 아니라, 스스로 내 마음에 평정심平靜心을 무너뜨린 것을 참회하는 것이다. 내 마음의 평상심平常心은 본래 공한 마음이고 저 평평한 바다처럼 맑은 마음인데, 거기에 불뚝하고 성질이 일어났다가 파도가 일어났다가 한 것을 스스로에게 참회하는 것이다. 그래서 불가에서의 참회는 결국 자기의 자성에다 참회를 하는 것이다.

알고 보면, 우리 마음속과 머릿속에 떠오르는 모든 생각은 사실은 다 비워야 할 것이다. 좋은 생각은 흰 구름이요, 나쁜 생각은 먹구름이다. 흰 구름이나 먹구름이나 하늘을 가리는 것은 마찬가지다.

70

수도인은 마땅히 마음을 단정히 하여
검소儉素하고 진실한 것으로써
근본을 삼아야 한다.
표주박 한 개와 누더기 한 벌이면
어디를 가나 걸릴 것이 없다.

부처님께서 말씀하시기를, “마음이 ‘곧은 줄’ 같아야 한다”, “바른 마음이 곧 도량道場이다”라고 하셨다. 이 몸에 탐착貪着하지 않는다면 어디를 가나 거리낌이 없을 것이다.

끼사고따미 장로니는 사왓티의 가난한 집안 출신이었다. 그녀는 아주 말랐기 때문에 ‘끼사’라고 불렸고, ‘고따미’는 그녀의 이름이었다. 끼사고따미는 부잣집에 시집가서 매우 구박을 받다가 사내아이를 낳자 대접을 받게 되었다. 그러나 아이가 막 걸을 만할 때 갑자기 죽어버렸다. 그녀는 죽은 아이를 허리에 끼고 거의 미쳐서 아들을 살리려고 이리저리 뛰어다녔다. 그녀를 불쌍히 여긴 사람들이 그녀를 세존께 보내었고, 세존께서는 아직 사람이 죽은 적이 없는 집에서 겨자씨를 구해오면 아들을 살려주겠노라고 했다. 그녀는 하루 종일 그런 겨자씨를 구하러 다녔지만 헛수고였다.

마침내 그녀는, 죽음은 모두에게 필연적이라는 사실을 깨닫고서 아이를 공동묘지에 내려놓고 세존께 와서 출가하였다. 그녀는 곧 수다원과를 얻었다. 그 후 어느 날 그녀가 깊이 위빠사나를 닦고 있는데 세존께서 광명과 함께 나타나셔서 설법하셨고, 마침내 그녀는 아라한이 되었다. 그 후 그녀가 항상 남루한 옷만 입고 다녔기 때문에 세존께서 선언하셨다. "남루한 옷을 입는 자들 가운데서 끼사고따미가 으뜸이다."

독일의 거지 성자인 페터 노이야르는 이른바 삼무三無주의 자다. 집 없이, 돈 없이, 여자 없이 행복할 수 있다고 믿는 사람이다. 한없이 큰 집, 한없이 더 많은 재산, 또 더 많은 사람을 추구하는 현대인들에게 '행복이라는 것은 꼭 큰 집에서 돈 많고, 또 예쁜 마누라와 살아야 하는 건 아니구나' 하는 표본을 제시해준다.

이와 같이 수행하는 사람의 마음은 곧아야 된다. 곧은 마음이 도량이다. 마음이 곧아야 진도가 나간다. 마음이 삐딱하고 자신의 경계는 드러내지도 않으면서 남을 함부로 시험하려고 들어서는 안 된다.

해인사海印寺 장경각藏經閣에 가보면 이런 말이 있다. '원각도량하처圓覺道場何處 현금생사즉시現今生死卽是'라. 즉 '원각도량이 어디에 있는가? 현재 지금 생사가 곧 이것이다'. 바로 지금 이 자리에서 내 마음이 생하고 멸하는 것을 잘 관찰하면 바로 그 자리가 도량이 될 수 있다. 어디 멀리 떠나서 적적하고 한가한 곳에 있더라도 마음속으로 다른 엉뚱한 생각을 한다면, 그 곳은 진정한 도량이 아니다.

71

범부들은 눈앞의 현실만 따르고
수도인은 마음을 붙잡으려 한다.
그러나 마음과 바깥 현실 두 가지를
다 내버리는 것이 진정한 법이다.

註

현실만 따르는 것은 마치 목마른 사슴이 아지랑이를 물인 줄 알고 찾아가는 것과 같고, 마음을 붙잡으려는 것은 원숭이가 물에 비친 달을 잡으려는 것과 같다. 바깥 현실과 마음이 비록 다르지만 병통이기는 마찬가지다. 이것은 범부와 이승을 합해서 논한 것이다.

천지에는 진나라 해와 달이 없고
강산에는 한나라 군신이 보이지 않네.

음악을 들을 때 범부는 귀로 듣고, 예술가는 마음으로 듣고, 진정한 천재는 성품으로 듣는다. 모든 일에는 세 가지 차원이 있다. 물질의 차원과 마음의 차원, 그리고 성품의 차원이다. 그래서 음악을 듣는 데에도 범부들은 몸의 차원인 귀로 듣고, 예술가는 마음의 차원으로 듣고, 모차르트 같은 진정한 천재는 성품의 차원으로 듣는다는 것이다.

수행도 역시 세 가지 종류로 나눌 수 있다. 범부들은 몸을 닦고, 수행자는 마음을 닦고, 참다운 도인은 성품을 본다. '어디에 초점을 맞추느냐'가 굉장히 중요하다. 물론 성품을 본다고 해서 몸과 마음을 닦는 것을 소홀히 하는 것은 아니다. 세 가지를 병행해야겠지만 초점은 어디까지나 성품 자리, 즉 본마음 자리에 맞춰져 있어야 한다.

눈앞에 보이는 현실, 몸뚱이 물질, 이런 데만 초점을 맞춰서 추구하는 것은 마치 목마른 사슴이 아지랑이를 물인 줄 알고 찾아가는 것과 같다. 허망하다. 아지랑이는 먼 곳에서 보면 실체가 있는 것처럼 보이지만, 가까이 가서 잡으려고 들면 잡을 수가 없다. 현상이 있을 뿐 실체는 없다.

또 마음을 붙잡으려는 것은 원숭이가 물에 비친 달을 잡으려는 것과 같다. 연못에 저 하늘의 보름달이 둥그렇게 비치고 있다. 그것을 잡으려고 원숭이가 나뭇가지에서 나뭇가지로 서로 손을 잡고 달을 잡으러 들어간다. 하지만 물에 비친 달을 잡으려고 해봐야 잡을 수가 없다. 왜냐? 그 실체가 없기 때문에. 물에 비친 달을 잡으려고 들어간 원숭이치고 지금까지 물에서 나온 원숭이가 없다. 들어가면 다 끝이다. 고정된 실체가 없는 것을 잡으려고 하다 보면 자꾸 허망의 늪으로 빠져들게 되어 있다. 그래서 몸뚱이는 물론이고 마음이라는 것도 역시 그것을 붙잡으려고 하다가는 원숭이가 물에 비친 달을 잡으려는 것처럼 부질없는 노력을 하게 된다.

그래서 몸과 마음이 비록 다른 것이지만 병통이기는 마찬가지다. 몸을 닦고 마음을 닦는 단계에서 한 걸음 더 뛰어올라 진정한 성품을 보는 단계가 되어야 한다. 그렇다고 해서 성품이 어떤 고정된 실체로서의 존재가 있는 것이냐? 그렇지는 않다. 성품은 공空한 것이다. 고정된 실체 역시 없다. 그러나 공하다는 것은 텅 비어서 아무것도 없는 상태가 아니고, 텅 비었기 때문에 무엇으로든 채울 수 있는 것이다. 고정된 실체로서의 내가 없기 때문에, 어떠한 나도 만들 수 있다.

경북 경주 선도산 마애삼존불

72

성문聲聞은 숲속에 가만히 앉아서도
악마에게 붙잡히고
보살菩薩은 세간에 노닐어도
외도外道와 마군魔軍이 보지 못한다.

註

성문은 고요한 데 머무는 것으로써 수행을 삼기 때문에 마음이 움직이고, 마음이 움직이니 귀신이 보게 된다. 그러나 보살은 성품이 본래 빈 것임을 깨달아 그 마음이 스스로 고요하므로 자취가 없고, 자취가 없으니 외도와 마군들이 보지 못한다. 이것은 이승과 보살을 합쳐서 말한 것이다.

봄바람 꽃길에서 오락가락 노니는데
한 집은 빗속에 문을 닫고 근심하네.

여기서 성문聲聞은 '소리 성聲자', '들을 문聞자', 즉 '소리를 듣는 사람'이라는 뜻이다. 다시 말해서 부처님의 말씀을 직접 들은 제자들을 가리킨다. 본래 그랬던 뜻이 나중에는 조금 바뀌어서 수행을 하지만 공空으로 향하는 수행을 하는, 즉 자신의 깨달음에 치중한 수행을 하는 이를 바로 '성문'이라고 한다.

이런 성문은 숲속에 가만히 앉아 있어도 악마에게 붙잡힌다. 반면, 보살은 세간에 노닐어도 외도와 마군이 보지 못한다. 그러면 보살과 성문의 차이는 무엇이냐? 보살은 공空으로

부터 출발하는 수행을 한다. 성문은 공으로 향하는 수행을 해서, 수행의 목표가 완전히 달성되기 전까지는 아직 공을 목표로 가기 때문에 마음이 남아 있다. 몸을 닦고 마음을 닦는 수행을 할 수밖에 없다.

이렇게 마음이 아직 남아 있는 한, 악마의 눈에 띈다는 것이다. 한 마음이라도 있으면 눈에 띈다. 완전한 무념, 무심, 공을 체득하기 전에는 저승사자의 눈을 피할 수 없다. 그러나 보살은 성품이 스스로 공적空寂함을 알고, 머무는 바 없는 수행을 하기 때문에 외도들과 마군이 보지 못한다. 이와 관련해 마조도일馬組道一 스님의 일화가 있다.

마조 도일 스님이 사는 절 부근에 한 스님이 살았는데, 그 스님에게 어느 날 갑자기 저승사자 둘이 찾아왔다. 저승사자들이 갑자기 자신을 데려가려 하자 스님은 깜짝 놀라 "그러지 말고 하루만 말미를 주십시오"라고 겨우 간청을 해서 하루 말미를 얻었다.

"나는 하루 동안 어떤 수행을 해야 할 것인가?" 스님은 고민을 거듭했지만 갑자기 수행이 될 턱이 없다. 할 수 없이 마조 도일 스님에게 가서 자초지종을 고하니, 마조 도일 스님은 "그래. 그렇다면 내 옆에 가만히 있어라"라고 하였다. 그래서 스님은 마조 도일 스님만 믿고 옆에 앉아 있었다. 아니나 다를까 다음 날 새벽같이 어제 그 저승사자 둘이 마조 도일 스님이 있는 절까지 찾아왔다. 신기한 것은 두 스님의 눈에는 저승사자가 보이는데, 저승사자들의 눈에는 두 분 스님이 보이지 않았고, 보이지 않으니 끌고 갈 수가 없었다.

한 생각 일으키고 마음 한 번 움직일 때 보이는 것이다. 움직이지 않는 것은 볼 수가 없다. 저승사자가 끌고 가는 것은 몸뚱이가 아니다. 분별심, 한 생각을 그걸 끌고 가는 것이다. 이른바 몸뚱이를 끌고 가는 것이 아니라, 마음을 끌고 가는 것이다. 그러나 마음이 공적함을 체득하면 볼 수도 없고, 볼 수가 없기 때문에 끌고 갈 수도 없다.

73

누구든지 임종할 때는 이렇게 관찰해야 한다.
오온이 다 빈 것이어서 이 몸에는 '나'라고 할 것이 없고, 참마음은 모양이 없어 오고 가는 것도 아니다.
날 때에도 성품은 난 바 없고,
죽을 때에도 성품은 가는 것이 아니다.
지극히 밝고 고요해 마음과 경계가 하나이다.
오직 이와 같이 관찰하여 단박에 깨치면
삼세와 인과에 얽매이거나 이끌리지 않을 것이니,
이런 사람이야말로 세상에서 뛰어난 자유인이다.
부처님을 만난다 할지라도 따라갈 마음이 없고,
지옥을 보더라도 무서운 생각이 없어야 한다.
다만 무심하면 법계와 같아질 것이니
이 점이 바로 요긴한 것이다.
그러므로 평상시는 인因이고 임종할 때는 과果이다.
수도인은 이 점에 주의해야 한다.

註

죽음이 두려운 늘그막에야 부처님을 가까이하려는가?

이런 때에 제 마음을 애써 밝히라,
백년 긴 세월도 순식간에 글러지니.

몸뚱이는 태어났다 사라졌다 하지만, '본마음 참 나'는 오고 감이 없다. 날 때에도 성품은 난 바가 없고, 죽을 때에도 성품은 가는 것이 아니다. 지극히 밝고 고요해서 마음과 환경은 하나다. 이 성품 자리, 본마음 자리는 불생불멸不生不滅의 자리다. 태어나지도 않고, 그렇기 때문에 멸하지도 않는 자리다.

종을 치면 종소리는 생겨났다가 사라지는 생멸이 있다. 그렇지만 소리를 듣는 성품에는 생멸이 없다. 성품은 항상 존재한다. 소리가 일어난다고 해서 성품이 일어나는 것도 아니고, 소리가 사라진다고 해서 소리를 듣는 성품이 사라지는 것도 아니다. 소리를 듣는 성품은 항상 존재한다.

이런 경지에 이르면 무아법無我法에 통달하게 되었으므로 부처님을 만나게 된다고 반가워하지도 않고, 지옥에 간다고 무서워하지도 않는다. 왜냐? 무아無我이기 때문에. 송나라 소강절邵康節의 글에, 이런 말이 있다.

명리에 들뜬 젊은 시절에는 공자만 따르더니,
죽음이 두려운 늘그막에야 부처님을 가까이한다.
〔求名少時慕宣聖 怕死老年親釋迦〕

실제로 나이가 들어서 불교에 가까워지는 분들이 많다. 젊어서는 자기 잘난 맛에 살기 때문에 사실 종교라는 것이 큰 의미를 가지지 못하는 경우가 많다. 그러다 나이가 들어 과거의 생을 돌이켜 보고, 또 앞으로 올 생을 준비하는 과정에서 "아! 불교의 가르침, 절에 가면 뭔가 마음이 편안합니다"라고 말하는 분들이 많다.

그래서 앞서 말한 모든 것을 놓을 수 있는, 무아법에 통달할 수 있으면 최선이겠지만, 최선이 아니면 차선이라도 해야 한다. 차선은 무엇이냐? 늘그막에라도 부처님을 가까이해서 염불이라도 잘하면 최소한 극락정토에는 갈 수 있다. 천당 중의 천당, 극락에라도 가야 되는 것이다.

74

사람이 임종할 때에 털끝만큼이라도
성인이다 범부다 하는 생각이 남아 있으면
나귀나 말의 뱃속에 끌려들기 쉽고,
지옥의 끓는 가마 속에 처박히며
또는 개미나 모기 같은 것이 되기도 할 것이다.

註

백운白雲 선사가 이르기를 "범부다 성인이다 하는 생각이 깨끗이 사라져 털끝만치라도 남은 것이 없을지라도, 또한 나귀나 말의 뱃속에 들어가는 것을 면치 못하리라"라고 하였다. 두 소견이 번득이면 여러 길에 들어갈 것이다.

모진 불이 펄펄 붙고
보배 칼이 번쩍인다.

이 구절은 특별히 종사宗師가 무심하여 도에 합하는 문을 열고, 염불하여 극락세계에 나기를 원하는 문은 한때 방편으로 막아 놓은 것이다. 그러나 사람마다 바탕과 그릇이 같지 않고 뜻과 원이 또한 다르므로, 이와 같은 두 가지가 서로 방해되지 않는다. 바라건대 공부하는 사람들은 평소에 분수대로 각기 노력하여 마지막 찰나에 의심하거나 뉘우치지 말아야 할 것이다.

임종하는 순간이 굉장히 중요하다. 사람이 어떻게 살아왔느냐도 중요하지만, 임종하는 순간에 어떤 마음가짐으로 죽느냐 하는 것이 다음 생을 좌우한다. 그러나 임종할 때 갖는 마음가짐은 사실은 살아생전에 연습한 마음가짐이다.

어떤 사람이 "아, 임종할 때가 중요하다더라. 내가 임종할 때 염불을 해야지" 하고서 방의 벽이나 천장이나 바닥에 '나무아미타불' 글자를 여기저기 써놓았다. 그러고는 평상시에 염불도 별로 하지 않고 대충 살았다. 그러다가 임종할 순간이 되어서 그 글자를 보고 읽어야 하는데, 몸과 마음이 따라주지를 않아 답답한 채로 죽었다고 한다.

염불도 평소 연습을 많이 해두어야 임종하는 순간에 힘이 된다. 평상시에는 연습도 전혀 안 하다가 그저 죽을 때 잠깐 하면 된다는 생각으로 하면 되지가 않는다. 그래서 평상시에 그저 앉으나 서나, 오나가나, 자나 깨나, '나무아미타불'이라고 연습하다 보면 죽는 순간에 자기도 모르게 저절로 "나무아미타불"이라고 말하게 되고, 그러면 부처님께서 극락정토로 인도하신다.

한편 무심으로 도에 합하게 되면 극락정토에 갈 필요조차 없다. 죽을 때 죽을 뿐이면 되는데, 그것은 살아생전에 '밥 먹을 때 밥 먹을 뿐, 잠잘 때 잠잘 뿐, 일할 때 일할 뿐, 공부할 때 공부할 뿐'이 되는 사람이 '죽을 때도 죽을 뿐'이 되는 것이다. 살아생전에도 과거에 대한 후회, 미래에 대한 걱정, 현재에 대한 머무름 등이 있던 사람들은 죽음의 순간에도 여전히 과거에 대한 후회, 미래에 대한 걱정 두려움, 현재에 대한 애착이 남아 있다. 그래서 한 생각이 남기 때문에, 그 생각이 근본이 되어서 또다시 몸을 받게 된다.

75

참선하는 이가
본지풍광本地風光을 밝히지 못한다면
높고 아득한 진리의 문을 어떻게 꿰뚫을 것인가?
더러는 아주 끊어져 없어진 빈 것으로써
참선을 삼기도 하고, 무엇이라 말할 수 없이
빈 것으로써 도를 삼기도 하며,
모든 것이 없는 것으로써 높은 소견을 삼기도 하니,
이런 것들은 컴컴하게 비어 있어 병이 깊다.
지금 천하에 참선을 말하는 사람치고
이와 같은 병에 걸리지 않은 이가
얼마나 될 것인가?

아득하게 올라가는 한 관문은 발붙일 곳이 없다. 운문雲門 선사가 이르기를, "빛을 꿰뚫지 못하는 데 두 가지 병이 있고, 법신을 꿰뚫은 뒤에도 또한 두 가지 병이 있으니, 모름지기 낱낱이 꿰뚫어야 한다"라고 하였다.

우거진 풀밭 길을 거치지 않고
꽃이 지는 마을에 가긴 어렵네.

'본지풍광本地風光'이라는 것은 '본래면목本來面目 자리'를 말한다. 자신의 본래면목, 본마음, 참 나, 이것을 밝히지 못한다면 진리의 문을 어떻게 뚫을 것인가?

『반야심경般若心經』에는 '색즉시공色卽是空 공즉시색空卽是色'이라는 표현이 있다. '물질은 곧 공한 것이고, 공이라는 것은 곧 물질이다.' 하지만 그렇다고 해서 모든 것이 텅 비었다, 없다, 단멸한다는 식으로만 한결같이 주장한다면, 그것은 색즉시공만 철저한 것이다. 이른바 공에 떨어진 것이다.

텅 비어 있다는 사실이 중요한 것이 아니라, 텅 비었기 때문에 무엇으로든 채울 수 있다는 것이 더욱 중요하다. 이것이 바로 공즉시색의 도리이다. 그렇지 못하고서 '아무것도 없다, 텅 비었다'라고 하면서 단멸을 말한다면 그것은 단멸론斷滅論에 빠진 것이다.

불교는 단멸론도 아니고 상주론常住論도 아니다. 다만 중도설中道說일 뿐이다. 우주에 존재하는 모든 것은 상주하는 것도 아니고 단멸하는 것도 아니다. 다시 말해서 고정된 실체가 없다. 그렇다고 해서 아주 없는 것이 아니라, 변화하는 현상은 있다.

다시 말해서 '고정된 실체는 없다'라는 것이 바로 색즉시공의 소식이고, 그럼에도 불구하고 '항상 변화하고 있는 현상은 있다'라는 것이 공즉시색의 도리다. 이것을 함께 꿰어야 비로소 참선에 대해서 한마디 할 수 있다.

76

종사에게도 또한 병이 많다.
병이 귀와 눈에 있는 이는 눈을 부릅뜨고
귀를 기울이며 머리를 끄덕이는 것으로써 선을 삼고,
병이 입과 혀에 있는 이는 횡설수설 되지 않는 말과
함부로 '할喝' 하는 것으로써 선을 삼는다.
또 병이 손발에 있는 이는 나아갔다 물러갔다
이쪽저쪽을 가리키는 것으로써 선을 삼으며,
병이 마음속에 있는 이는 진리를 찾아내고
오묘한 것을 뚫어내며 인정에서 뛰어나오고
소견을 여의는 것으로써 선을 삼는다.
사실대로 말하자면 어느 것이고 병 아닌 것이 없다.

부모를 죽인 사람은 부처님 앞에 참회할 수 있지만, 반야를 비방한 사람은 참회할 길이 없다.

허공에서 그림자를 붙잡아도 오묘한 것이 아니거늘
세상 밖에 뛰어난 것 무엇이 그리 대단하리요.

앞선 내용에서는 도를 공부하는 데 있어서 참선하는 이가 '아주 없어진 것, 빈 것, 모든 것이 없는 것으로써 소견을 삼는 것', 다시 말해서 '공空에 떨어진 것으로써 소견을 삼는 것'이 문제라고 한다. 반면에, 이번 장은 그와는 반대로 '유有에 떨어지는 것'으로써 소견을 삼는 것도 역시 병이라고 밝힌다.

공에 떨어져서도 안 되지만, 그렇다고 유에 떨어져서도 안 된다. 세 가지 단계가 있다. 착유着有와 공, 그리고 묘유妙有. 착유란 유에 집착하는 경지, 그다음이 공에 떨어진 경지, 마지막으로 존재하되 애착함이 없이 묘하게 존재하는 묘유이다.

첫 번째로 병통이 귀와 눈에 있는 사람들은 눈을 부릅뜨고 귀를 기울이며 머리를 끄덕이는 것으로써 선을 삼는다.

두 번째, 병통이 입과 혀에 있는 사람은 횡설수설 되지 않는 말을 지껄이고 함부로 '할'을 함으로써 선을 삼는다. 할이라는 것은 바로 '억' 하고 소리를 한 번 내는 것이다. 그런데 그것을 함부로 써서는 안 된다. 때와 장소와 상대방에 잘 맞춰서 상대방의 알음알이를 끊어주고 도를 드러내는 표현으로 쓰는 것이지, 함부로 '할' 함으로써 선을 삼아서는 안 된다.

그다음 세 번째, 병이 손과 발에 있는 이는 손과 발로 나아갔다 물러갔다 하고 또 이쪽저쪽을 가리키는 것으로써 선을 삼는다.

네 번째, 병이 마음속에 있는 이는 마음으로 진리를 찾아내고 오묘한 것을 뚫어내며 인정에서 뛰어나고 소견을 여의는 것으로써 선을 삼는다.

그렇지만 이 어느 것이고 병 아닌 것이 없다. 그렇다면 옛날 깨달음을 얻은 어른들이 다 병통이냐? 그것은 아니고, 그것을 다만 겉으로 흉내만 낸 것을 병통이라고 하는 것이다. 과연 진정으로 색즉시공을 터득한 공즉시색이냐? 아니면 색즉시공을 터득하지 못한 공즉시색이냐? 여기에 차이가 있다.

전북 익산 동고도리 석불입상

77

본분종사本分宗師는 법을 온전히 들어 보인다.
마치 장승이 노래하고,
불붙는 화로에 눈이 떨어지듯 하며,
또한 번갯불이 번쩍이듯 하여,
공부하는 이가 어떻다고 헤아려 보거나
더듬을 수가 전혀 없다.
그러므로 옛 어른이 그 스승의 은혜를 알고
말하기를, "스승의 도덕을 장하게 여김이 아니라,
오직 스승이 내게 해설해주지 않은 것에
감격한다"고 했다.

말하지 말라. 말하지 말라.

붓 끝에 오를라!

頌

화살이 강물에 잠긴 달을 꿰뚫으니

그가 바로 수리를 잡는 이로구나.

본분종사는 법을 온전히 들어 보여서 마치 장승이 노래하듯, 또는 불붙는 화로에 눈이 떨어지듯, 또는 번갯불이 번쩍이듯 한다. 이는 어떻게 좀 헤아려 보거나 더듬어 볼 수 없게, 사량분별思量分別로써 답을 찾을 수 없게 만든다고 하는 것이다.

법문法門과 강의講義에는 중대한 차이점이 있다. 강의는 대학이나 중고등학교에서 많이 한다. 강의는 되도록 알아듣기 쉽게 하면 잘하는 강의다. 그러나 법문은 못 알아듣게 해야 잘하는 법문이다. 이게 도대체 무슨 소리인가? 모르는 것을 스스로 깨치게 해야 된다는 말이다. 그러니까 법문을 듣는 사람으로 하여금 무얼 모르는지 그 부분을 탁 짚어주고, 그것을 스스로 깨우치게 만드는 것. 그래서 법문을 하는 선사들을 산파에 비유한다. 산파는 본인이 애를 낳는 것은 아니지만, 산모로 하여금 해산을 잘할 수 있게 도와준다.

이런 점에서는 본분종사도 마찬가지다. 남을 대신해서 깨달아줄 수는 없다. 그러나 법문을 듣는 사람들로 하여금 깨달음에 이를 수 있도록 도와주는 역할을 할 수는 있다. 그래서 깨달음의 세계는 설說하려야 설할 수가 없는 부분이 있기 때문에 백척간두에서 진일보해야 되는 그런 부분이 있다.

동산洞山 스님이 물었다. "훗날 스승의 그림자를 묻는 사람에게 무어라고 해야 되겠습니까?"

운암雲巖 스님이 답했다. "바로 이것이라고 이르거라."

바로 이것이 도대체 무엇인가? 나중에 동산 스님이 다리를 건너가다가 자신의 그림자가 강에 비친 것을 보고 '바로 이것'을 깨우쳤다. 그러고 나서 재를 지내면서 이런 말을 했다.

"스승의 도덕을 장하게 여기는 것이 아니라 나에게 일러주지 않은 것을 장하게 생각한다."

이를 수 없는 도리를 억지로 일러주는 것보다 차라리 찔러서 스스로 깨우치게 하는 것, 이것이 본분종사의 역할이다.

78

공부하는 사람들은 먼저 종파의 갈래부터
자세히 가려 알아야 한다.
옛날에 마조馬祖 스님이 한 번 '할' 했는데,
백장百丈 스님은 귀가 먹고
황벽黃檗 스님은 혀가 빠졌다.
이 한 '할'이야말로
곧 부처님께서 꽃을 드신 소식이며,
달마 스님이 처음 오신 면목面目이다.
이것이 임제종臨濟宗의 근원이 되었다.

註

법을 아는 이가 두렵다. 소리를 따라 갈겨주리라.

주장자 한 가지 마디라고는 없는데
슬며시 내어주네, 밤길의 나그네에게.

옛날 마조 스님이 한 번 외치는 '할'에 백장 스님은 대기大機를 얻었고, 황벽 스님은 대용大用을 얻었다. 대기란 원만해서 두루 응하는 것이고, 대용이란 바로 끊는 것이다. 그 사연이 『전등록』에 실려 있다.

마조 스님이 '할'을 하자, 백장 스님은 삼 일 동안 귀가 먹었다. 그 '할' 소리가 얼마나 컸기에 삼 일 동안 귀가 먹었는지 참으로 대단하다. 또 마조 스님이 '할' 할 때 백장 스님이 귀가 먹었다는 그 소식을 듣고, 황벽 스님은 그 자리에서 혀가 빠졌다.

이 한 번의 '할'이야말로 부처님께서 꽃을 든 소식이다. 염화

미소拈華微笑—부처님께서 꽃을 들자 가섭존자가 미소를 지었다. "이 도리가 도대체 어떠한 도리입니까?"라고 물어봤을 때, "억" 하고 "할"을 한마디. 또 "달마 스님께서 서쪽에서 오신 소식, 인도에서 중국으로 오신 소식이 무엇입니까?" 하고 물어봤을 때도 역시 "할"로 대답하는 것이 마조 스님의 '할'이다.

마조 스님은 속성俗姓이 마馬씨다. 마씨 성을 가진 조사로, 이 스님은 좌선을 열심히 했다고 한다. 그런데 스승인 남악 회양南嶽懷讓 스님이 좌선하고 있는 마조에게 와서 물었다.

"무엇을 하고 있는가?"

"좌선을 합니다."

"좌선을 왜 하는데?"

"부처가 되려고 하죠."

그다음 날 회양 선사가 마조 스님이 좌선하고 있는 앞에 와서 벽돌을 갈았다.

"스님, 벽돌을 갈아서 무엇을 하렵니까?"

"거울을 만들고자 하네."

"벽돌을 갈아서 어떻게 거울을 만듭니까?"

"그런 자네는 앉아만 있다고 부처가 되는가?"

"그럼 어떻게 해야 되겠습니까?"

"소가 끄는 수레가 가지 않을 때, 수레를 쳐야 하겠는가, 소를 때려야 하겠는가? 선禪은 앉거나 눕는 데 상관이 없다. 부처는 가만히 앉아 있는 것이 아니고, 집착도 없고 취하고 버릴 것도 없는 것이 선이로다."

마조 스님은 이 말을 듣고 크게 깨쳤다. 그 뒤에 백장 스님이 마조 스님의 가르침을 받고 '할' 하는 데서 크게 깨쳤고, 또 황벽 스님은 백장 스님으로부터 마조의 '할'에 깨쳤던 사연을 듣고 그 자리에서 크게 깨쳐서 백장 스님의 법을 이었다. 이처럼 임제종은 아주 활발발活潑潑한 가풍을 가지고 있다.

79

조사들의 종파에 다섯 갈래가 있으니,
임제종臨濟宗 · 조동종曹洞宗 · 운문종雲門宗 ·
위앙종潙仰宗 · 법안종法眼宗이다.

임제종

우리 스승 석가모니 부처님으로부터 33세 되는 육조 혜능六祖慧能 대사 밑에서 곧게 전해 내려가니 남악 회양南嶽懷讓 · 마조 도일馬祖道一 · 백장 회해百丈懷海 · 황벽 희운黃檗希運 · 임제 의현臨濟義玄 · 흥화 존장興化存奬 · 남원 도옹南院道顒 · 풍혈 연소風穴延沼 · 수산 성념首山省念 · 분양 선소汾陽善昭 · 자명 초원慈明楚圓 · 양기 방회楊岐方會 · 백운 수단白雲守端 · 오조 법연五祖法演 · 원오 극근圓悟克勤 · 경산 종고徑山宗杲 같은 이들이다.

여기서부터는 오가칠종五家七宗, 그중에서도 다섯 가지 종파에 대해서 설명하고 있다. 임제종과 조동종, 그리고 운문종, 위앙종, 법안종 이렇게 다섯 종파를 대표로 들었다. 그중 첫 번째 임제종에 대한 설명이다.

석존으로부터 33대째가 육조 혜능 대사다. 그래서 33조사 또는 삽삼卅三조사라고 줄여서 설명한다. 33조사가 있고, 거기서 곧게 전해 내려와서 여러 임제종 선사들의 이름을 죽 나열하고 있다. 인도에서 달마 대사는 28대째가 되고, 중국에 와서는 선종의 초조初祖가 된다. 그로부터 6대째가 혜능 대사이니, 인도로부터 치면 33대째가 되는 것이다.

인도에서부터 치자면 초조가 마하가섭摩訶迦葉, 그다음에 아난존자, 상나화수, 우파국다 이런 순으로 전해져서 반야다라, 보리달마까지 전해지고, 중국에 와서 보리달마菩提達磨 · 이조 혜가慧可 · 삼조 승찬僧璨 · 사조 도신道信 · 오조 홍인弘忍, 그다음 육조가 바로 혜능 대사가 된다.

풍혈 연소 스님은 처음에 유학儒學을 배웠는데, 나중에 출가해서 천태지관天台止觀을 닦다가 남원 도옹에게서 깨쳐 그의 법을 이었다. 여주의 풍혈사에서 오랫동안 가르침을 폈지만 한 사람도 깨닫는 이가 없었다. 하루는 스님이 대성통곡을 하기에 대중이 그 까닭을 묻자, "임제 스님의 법이 나에게 와서 끊어질 줄을 어찌 알았으랴?"라면서 통탄했다고 한다. 법을 계속 이어 나가는 전법이야말로 사실은 시대적 사명 같은 것인데, 법을 잇지 못하게 되어 대성통곡을 했던 것이다.

그때 수산 성념, 즉 염법화念法華 스님이 "저도 스님의 법을 받을 수 있습니까?"라고 물었다. 그러자 "자네는 아깝게도 『법화경』에 걸려 있네." "그렇다면 『법화경』만 버리면 되겠습니까?" "그러면 될 수 있다 뿐인가." 이런 대화를 나누고 난 후부터 염법화 스님이 참선에 전력해서 마침내 깨달음을 얻게 되었다고 한다. 염법화 스님은 수산 성념 스님을 말하는데, 어려서 출가해서 항상 『법화경』만 열심히 독송했기 때문에 별명이 '염법화'라고 지어지게 됐다.

분양 선소 스님은 수산首山에 가서 성념 선사가 상당上堂하여 설법할 때 "코끼리 가는 곳에 여우의 발자취가 끊어진다"라는 말을 듣고 크게 깨쳤다고 한다.

자명 초원 선사는 분양 선소의 회상會上에 갔는데 분양 스님이 욕설과 세속의 더러운 말만 할 뿐 법을 일러주는 일이 없자 하루는 정성을 다해 설법해주기를 간청했다. 그러자 분양 스님이 크게 화를 내면서 "네가 지금 나를 비방하느냐?" 하고 내쫓고, 초원이 뭐라 변명을 하려는데 분양 스님이 손으로 그의 입을 틀어막았다. 그 바람에 초원 스님은 크게 깨쳤다고 한다.

원오 극근 스님은 오조 법연 스님 회상을 찾아갔다. 그런데 누군가가 "부처님이 그럼 어디서 나왔느냐?"라고 묻자, 오조 법연 선사가 "훈풍이 남쪽에서 불어오니 집 안에 아주 서늘한 바람이 생기는구나〔熏風自南來殿閣生微凉〕"라고 대답했고, 원오 극근 스님은 그 말을 듣고 크게 깨쳤다고 한다. 원오 극근 스님은 설두 중현雪竇重顯 스님의 『송고백칙頌古百則』에 수시垂示, 착어着語, 평창評唱이라는 글들을 붙여서 『벽암록碧巖錄』 10권을 만들어낸 스님이다. 제자가 자그만치 75인이나 되었다고 하는데, 그중에 뛰어난 제자가 바로 경산 종고, 자字는 대혜大慧인 대혜 종고大慧宗杲 스님이다. 이 대혜 스님은 강원에서 배우는 『서장書狀』을 지으셨다.

대혜 스님은 본래 조동종의 스님들을 찾아다니면서 공부를 하다가, 나중에 원오 극근 선사의 법을 이어서 경산徑山에서 가르침을 폈다고 한다. 그런데 이 경산 종고 스님은 나라의 정사를 비판했다는 혐의로 자그마치 17년간이나 귀양 생활을 했고, 그 기간 동안 저술 활동을 계속했다. 『서장』에 있는 편지글들도 대부분 귀양 생활을 할 때 사대부들과 서로 주고받은 서신들을 엮어서 만든 것이다. 그런데 그 내용이 대부분 간화선看話禪을 선양하는 내용으로 되어 있기 때문에 이 『서장』이 지금 간화선의 교과서처럼 읽히고 있다.

어쨌든 대혜 스님은 간화선을 주장하고, 천동 정각天童正覺이 주장하는 묵조선默照禪 계통을 공격해서 활구活句 참선을 강조했다. 그리고 생활선을 주장했다.

조동종

육조 아래에서 갈라진 곁갈래로 청원 행사青原行思 · 석두 희천石頭希遷 · 약산 유엄藥山惟儼 · 운암 담성雲巖曇晟 · 동산 양개洞山良价 · 조산 탐장曹山耽章 · 운거 도응雲居道膺의 순으로 이어져 내려왔다.

조동종은 그 이름이 동산 양개의 제자인 조산 본적曹山本寂에서 유래한다는 설도 있고, 조계산曹溪山의 조曹로써 육조의 정통을 뜻한다는 설도 있다. 어쨌든 이 조동종에서는 묵조선默照禪의 가풍을 선양하고 있다.

청원 행사 스님은 어려서 출가해 나름대로 깨친 바가 있어 조계산에 가서 육조 스님의 문하로 인가를 받았다. 그리고 대중 가운데 상수제자上首弟子로 있었다. 나중에 고향인 청원산에서 가르침을 폈기 때문에 청원 행사라 불렸는데, 육조 스님께서 열반한 뒤에는 납자들이 청원산으로 많이 모였다고 한다.

석두 희천 스님은 육조 스님의 유언에 따라서 청원 행사 스님을 찾아가서 깨치고 그 법을 이었다. 석두 희천 스님의 고향은 예전부터 미신이 성행해서 잡신을 숭배하고 굿을 거창하게 하는 습관이 많았다. 그래서 사당을 닥치는 대로 헐어버리고 굿에 쓰려던 황소를 빼앗아오는 것이 해마다 수십 마리가 되었다고 한다. 그러니까 석두 희천 스님은 이미 출가하기 전부터 미혹한 신앙에 대해 큰 거부감을 갖고 있었던 것이다. 밖에서 주인을 찾고, 밖에다 숭배를 하고, 굿이든 기도든 하면서 그것으로 자기의 일을 해결하려고 하는 것이야말로 미신이다. 자신의 행동이나 몸가짐이나 마음가짐을 다듬고 고침으로써 자기의 운명을 개척해 나가는 것이 정신正信이고, 밖에서 주인을 찾고 밖을 보고 무언가를 해결해 달라고 빌고 구걸하는 것이야말로 미신이다.

약산 유엄 스님은 17세 어린 나이에 출가해서 삼장三藏—경장經藏·율장律藏·논장論藏을 열심히 배웠고, 계율을 엄하게 지켰는데, 어느 날 '대장부가 어찌 계율에 구속을 받아 작은 일에 매어 지내랴! 스스로 깨끗이 할 뿐이다'라고 결심하고는 참선하는 곳으로 길을 떠났다. 당시만 해도 율종律宗과 선종禪宗이 따로 있었다. 석두 스님에게 가서 깨친 바가 있은 뒤 마조 스님을 찾아가 크게 깨쳤으며, 다시 석두 스님에게 돌아와 법을 잇고 약산藥山에서 가르침을 폈다고 해서 '약산 유엄'이라고 한다.

그다음으로 운암 담성 스님은 백장 스님 회상에서 20년 동안 시자로 지내다가 백장 스님이 입적한 뒤에 약산에 가서 크게 깨쳤다. 약산 유엄 스님의 법을 이어받아서 운암산에서 가르침을 폈다. 운암 스님이 입적할 때 동산이 물었다. "뒷날에 만약 누가 스님의 그림자(影)를 보자고 하면 어떻게 할까요?"

이에 운암 스님이 "곧 이것이라고 말하게나"라고 답했다.

운암 스님의 답에 동산 스님은 어리둥절했다. 운암 스님이 다시 "이 이치는 아주 자세히 생각해야 하네"라고 말했다. 그러고 나서 훗날 동산이 강을 건너다가 물에 비친 자기 그림자를 보고 비로소 크게 깨쳤다. "아! 그 당시 운암 스님께서 해설해주지 않았던 것이 오히려 다행이다." 동산 스님은 운암 스님의 은혜에 감격했다고 한다. 스스로가 무언가를 깨칠 수 있었음이 다행이었던 것이다.

동산 양개 스님은 어려서 출가했는데 『반야심경』을 배우다가 눈 · 귀 · 코 · 혀 · 몸 · 뜻이 없다는 대목을 들어 스승에게 물었다. "아니, 지금 여기 이거 있는데 왜 없다고 합니까? 눈도 있고, 귀도 있고, 코도 있는 거 아닙니까? 도대체 이게 무슨 이치입니까?" 이에 스승이 대답을 못 하고 오예산五洩山의 영묵靈默 선사를 소개해줬다. 그래서 그때부터 참선을 시작했다.

그다음에 운거 도응 스님은 동산 스님과 대화를 나눈 것이 남아 있는데, 남방에서 오는 이마다 동산 스님의 법회를 칭찬하는 소리를 듣고 찾아가서 얼마 후에 깨쳤다고 한다. 그가 삼모암에서 혼자 지낼 때 열흘 동안 식당에 나타나지를 않았다. 그래서 동산 스님이 방장실에 찾아온 운거 도응에게 까닭을 물었더니, 천신이 항상 음식을 가져다준다고 하는 것이다. 그래서 "바로 될 줄 알았더니 그런 소견을 가지고 있었구나. 선한 것도 생각지 말고 악한 것도 생각지 않을 때, 본래면목이 무엇인가?" 하고 다시 물어서 거기서 깨쳤고, 그 뒤에는 다시 천신이 음식을 가져다주지 않았다고 한다.

이처럼 본래면목 자리에 철저한 것이 바로 조동종의 가풍이라고 말할 수 있다.

운문종

마조의 곁갈래로 천황 도오天皇道悟 · 용담 숭신龍潭崇信 · 덕산 선감德山宣鑑 · 설봉 의존雪峰義存 · 운문 문언雲門文偃 · 설두 중현雪竇重顯 · 천의 의회天衣義懷 같은 이들이다.

운문종의 선사들은 사실은 마조의 갈래라기보다는 석두 희천의 후예들이다.

천황 도오 선사는 열네 살 때 출가하고자 했는데 부모가 허락하지 않았다. 그래서 그 후 하루에 한 끼씩만 먹어서 몸이 극도로 쇠약해지자 부모가 할 수 없이 출가를 허락했다. 항주 경산의 도흠道欽 선사에게 가서 다섯 해만에 깨쳤는데, 산중에서 몇 년간 숨어 지냈다. 마조의 회상에서도 2년 동안 있었지만, 나중에 서른네 살에 석두 희천 스님에게 가서 비로소 크게 깨쳤고 10년 동안 그 회상에 있으면서 석두 희천 선사의 법을 이었다. 석두 스님이 입적하시자 탑을 쌓은 뒤 여기저기 다니다가 형주 천황사의 옛터에 가서 절을 크게 중창했다고 한다.

용담 숭신 선사는 어릴 때 그의 부모가 천황 도오 스님이 중창한 천황사 옆에서 떡 장사를 했는데, 천황 도오 스님이 그 절에 오자 그의 집에서 날마다 떡을 10개씩을 보내드렸다. 그 심부름을 바로 출가하기 전의 용담 스님이 했다. 그런데 천황 도오 스님은 떡을 10개씩 배달해드리면 그중 꼭 한 개씩을 남겨서 떡을 가져온 용담에게 먹으라고 되돌려주곤 했다. 용담은 "내가 갖다드린 떡을 내게 도로 돌려주는 것이 무슨 까닭일까?" 하여 화상에게 그 뜻을 물었다. 그러자 천황 도오 스님이 "네가 가져온 것을 다시 너에게 돌려주는데 무슨 허물이 있겠느냐?"라고 대답했다. 그 말을 듣고는 알아차린 바가 있어서 출가를 했다.

스님에게 출가해서 공부하면서 질문을 했다. "제가 스님을 모신 지는 오래되었지만, 마음공부에 요긴한 것을 가르쳐주지 않으시므로 속이 탈 뿐입니다."

그때 도오 스님이 "내가 너에게 가르치지 않은 때가 없었는데 무슨 말이냐? 네가 밥이나 찬을 가져오면 너를 위해 받았고, 네가 절을 하면 또한 너를 위해 머리를 숙이지 않았더냐?" 했다. 용담은 '도대체 이게 무슨 말일까' 골똘히 생각했다. 도오 스님이 "깨치는 것은 말끝에 곧 깨쳐야지, 생각해서 알려고 하면 벌써 어그러지느니라" 하는 말에 용담 스님의 눈이 번쩍 뜨였다. 그러고는 "그러면 어떻게 지켜가야 되겠습니까?" 하고 물었더니 도오 스님이 "성품에 맡겨 오락가락 인연 따라 지낼 뿐, 범부 생각 떨어질 뿐, 거룩한 마음이 따로 없느니라"라고 얘기를 했다.

다음으로 덕산 선감 스님은 어렸을 때 출가했다. 계율을 숭상하고 경전에 아주 밝았는데, 그중에서도 『금강경』을 늘 강설했다. 그의 성姓을 따서 별명이 주금강周金剛이라 불릴 정도로 『금강경』 강설하기를 좋아했다. 하루는 도반들에게 "보살이 육도만행을 무량겁으로 닦아야 성불한다고 했는데, 요즘에 남방의 못된 것들이 바로 마음을 가리켜 단박에 성불케 한다. '직지인심直指人心하여 견성성불見性成佛한다'라고 얘기하니까 내가 그것들을 소탕해버리겠소" 하고 길을 떠났다. 그래서 거의 남방에 도착하여 점심 때가 돼서 어떤 떡집에 들어가 점심을 청하니, 떡을 파는 노파가 물었다.

"걸망에 든 것이 무엇입니까?"

"아, 금강경주석서〔金剛經疏〕요."

노파가 물었다.

"음, 그래요? 그러면 『금강경』에 말하기를, '과거의 마음도 얻을 수 없고, 현재의 마음도 얻을 수 없으며, 미래의 마음도 얻을 수 없다'고 했는데, 스님께서 이제 점심點心을 드신다고 하시니, 도대체 어떤 마음에 점을 찍겠습니까?"

이에 덕산 스님은 말문이 막혀서 대답도 못 하고 떡도 못 얻어먹고 쫄쫄 굶으면서 나왔다는 일화가 전해진다.

또 덕산 스님이 용담 선사를 찾아가서 밤늦도록 법담을 나누다가 객실로 나가려니까 바깥이 캄캄했다. 도로 들어가서

"바깥이 어둡습니다"라고 하자 용담 선사가 촛불을 켜서 덕산에게 내밀었다. 덕산이 받으려고 할 때 용담 선사가 훅 불어서 촛불을 꺼버렸다. 그때 덕산이 비로소 크게 깨쳤다고 한다. 그래서 덕산이 화상에게 공손히 절을 하니 용담 선사가, "자네가 무얼 보았기에 절을 하는가?"라고 물었고, 덕산이 "이제부터 다시는 천하 노화상들의 말씀을 의심하지 않겠습니다"라고 함으로써 용담 선사의 법을 이어받았다. 그다음 날 덕산은 지금까지 애지중지 메고 다니던 금강경주석서를 아낌없이 불살라 버리고 길을 떠났다.

위앙종

백장百丈의 곁갈래로 위산 영우潙山靈祐 · 앙산 혜적仰山慧寂 · 향엄 지한香嚴智閑 · 남탑 광용南塔光湧 · 파초 혜청芭蕉慧淸 · 곽산 경통霍山景通 · 무착 문희無着文喜 같은 이들이다.

향엄 지한 스님은 청주 땅에서 태어났고, 키가 7척이나 되며, 총명하고 재주가 비상했다. 그래서 사람들은 그가 관리가 되기를 권했지만, 그는 그것을 마다하고 출가를 했다. 처음에 위산의 회상에 가 있었는데, 위산은 그가 그릇이 괜찮은 걸 알아보고 "평생에 네가 듣고 본 것을 떠나, 세상에 나오기 전 너의 본래면목에 대해 한마디 일러보아라"라고 했다.

향엄 지안 스님이 이리저리 생각해서 이런저런 답을 내놓았지만, 모두 다 "아니다" 하고 답하니까, 자기 방으로 돌아가서 그동안 가지고 다니던 책을 내놓고 아무리 찾아보아도 찾을 수가 없었다. 그래서 "도저히 못 찾겠습니다. 가르쳐주십시오" 하고 위산 선사에게 말했더니, 위산 선사가 "내가 말한다면 그것은 내 소견이지 그게 너에게 무슨 소용이 되겠느냐? 네 입으로 한번 얘기를 해봐라"라고 계속 말씀을 하였다. 그래서 가지고 있던 책들을 다 불살라버리고, "아, 불법이고 뭐고 되는 대

경북 구미 황상동 마애여래입상

로 그냥 지내자" 하고 마음먹은 후 이곳저곳을 떠돌아다녔다.

하루는 남양 혜충南陽慧忠 국사의 유적지에 갔다가 불사가 있어서 일을 거드는데, 돌멩이를 주워서 대숲 쪽으로 치운다고 던졌는데 돌이 대숲 대나무에 맞아서 '딱' 소리가 났다. 향엄 지안 스님이 그 소리를 듣고 크게 깨쳤다. 그리고 목욕을 하고 향을 사른 후에 멀리 위산을 바라보면서 절을 했다고 한다.

법안종

설봉의 곁갈래로 현사 사비玄沙師備 · 지장 계침地藏桂琛 · 법안 문익法眼文益 · 천태 덕소天台德韶 · 영명 연수永明延壽 · 용제 소수龍濟紹修 · 남대 수안南臺守安 같은 이들이다.

현사 사비 스님은 서른 살에 출가를 해서, 공부하는 방법을 배운 뒤 고향에 돌아와 겨우 목숨만 붙어 있을 정도로 음식을 절제했다. 그러면서 바위 밑과 산꼭대기에서 한결같이 좌선을 했다. 그렇게 홀로 공부해서 깨친 바가 있었고, 또 특이한 점은 바로 『능엄경』을 보다가 크게 깨쳤다는 점이다. 그 후에 설봉 스님의 법을 이은 뒤, 가르침을 폈다.

지장 계침 선사는 어려서부터 채식으로 하루 한 끼씩만 먹었다. 스무 살에 출가했는데, 처음에는 계율을 숭상했지만, 이내 몸을 구속하는 것이 해탈의 길이 아니라고 생각을 돌이켜서 참선을 시작했다. 그래서 현사 사비 회상에 가서 크게 깨쳤고, 장주의 나한원으로 옮겨 가르침을 펴서 '나한 계침'이라고도 한다. 그는 늘 논농사를 지으며 몸소 일했다고 한다.

법안 문익 스님은 출가해서 처음에는 계율을 숭상하고 또 유교를 공부해서 시문詩文에 능했다고 한다. 어느 날 지장원에 가서 지장地藏 화상을 만났는데, 지장 화상이 뜰에 있는 돌을 가리키면서, “삼계가 오직 마음이라 하는데, 이 돌이 그럼 마음속에 있는가, 마음 밖에 있는가?”라고 물었고, 법안 문익 선사는 “마음 안에 있습니다”라고 대답했다. 그러자 지장 화상이, “생각하는 사람이 마음속에 돌멩이를 넣어가지고 어떻게 다닌다는 말인가?”라고 말했고, 법안 문익 선사는 그 말에 대답을 못하고 등에 졌던 행장을 내려놓고 가르침을 받았다. 하지만 무슨 대답을 하든지 지장 스님께서는 “불법은 그런 것이 아니다”라고 얘기했다. 그래서 마침내 그가 “이제는 제가 할 말을 다 버렸고 이치도 끊어졌습니다”라며 속내를 드러내자, 그때 지장 스님이 “만일 불법을 말한다면 온갖 것이 다 제대로 이루어져 있느니라”라고 말하는 것을 듣고 크게 깨쳤다고 한다.

80

임제의 '할'과 덕산의 '방망이'가
다 나는 것 없는 도리를 철저하게 증득하여
꼭대기에서 바닥까지 꿰뚫었다.
큰 기틀과 큰 작용이 자유자재해서
어디에나 걸림이 없고,
전신으로 출몰하며 온몸으로 짐을 져,
문수와 보현의 성인 경계를 지키고 있다 할지라도,
사실대로 말한다면 이 두 분 또한
도깨비 됨을 면치 못하리라.

註

시퍼런 칼날 다치지 말라. 범하지 말라.

번쩍번쩍 서릿발 물에 튀는 구슬인가!
구름 가신 하늘에 흘러가는 저 달이여!

본래 5종 가풍에 대한 설명이 있는데, 일반 독자들은 5종 가풍이나 임제종지를 이해하기 어려울 뿐만 아니라, 오히려 보편적인 선을 이해하는 데 방해가 될 것 같아 이 책에는 그 내용을 싣지 않았다.

임제할臨濟喝 덕산방德山棒은 앞서 다 설명을 한 부분이다. 임제 스님은 사람들이 와서 선에 대해 묻거나 하면, 소리를 질러서 '할'을 하는 가르침을 자주 썼고, 덕산 스님은 '입을 열어도 30방이요, 입을 열지 않아도 30방이다'라고 하여 방망이로 때리는 것으로 교화의 내용을 삼았다.

문수보살은 지혜의 화신이고, 보현보살은 자비행 · 실천행의 화신이다. 이런 문수보살과 보현보살의 지혜와 자비를 함께 갖추고 있다 할지라도, 임제니 덕산이니 하는 스님들도 도깨비 됨을 면치 못할 것이다. 즉 마음을 훔친 귀신이 됨을 면치 못한다. 왜냐? 임제할, 덕산방에 매어가지고, 그 흉내나 내고 앉아 있다면 결국은 종노릇하는 데 지나지 않는다는 것이다.

부처님과 조사스님들이 우리에게 가르침을 주어서 우리를 이끌어주는 것은 고맙지만, 그렇다고 종노릇을 할 필요는 없다. 내 인생의 주인공은 '나'다. 부처님이나 조사스님도 내 인생의 주인공을 살리기 위해서 그렇게 하신 것이지, 그 이상 다른 의미가 없다. 최고의 의미는 내 인생의 주인공인 '나'를 살리는 것이다.

예를 들어서 강을 건너는 데 뗏목을 타고 건넌 후, 고맙다고 그 뗏목을 짊어지고 다닐 필요가 없다. 그것과 마찬가지로 부처님과 조사스님들의 가르침이 나를 주인공으로, 대자유인으로 만들어주는 데 크게 기여를 하고 있지만, 그렇다고 해서 굳이 주인님, 주님으로 섬기고 '내가 당신의 종입니다', 이렇게 살 필요는 없다. 이것이야말로 선가의 가풍이고, 당신이 주인공이라는 철저한 소식을 말해준다.

81

대장부는 부처님이나 조사祖師 보기를
원수같이 해야 한다.
만일 부처님에게 매달려 구하는 것이 있다면
그는 부처님에게 얽매인 것이고,
조사에게 매달려 구하는 것이 있다면
또한 조사에게 얽매여 있는 것이다.
무엇이든지 구하는 것이 있으면 모두
고통이므로 일없는 것만 같지 못하다.

註

부처와 조사도 원수같이 보라는 것은 첫머리의 '바람도 없는데 물결이 일어남이다'라는 말을 맺는 것이다. 구하는 것이 있으면 다 고통이라고 한 것은 '다른 것이 없다, 다 그대로 옳다'는 말을 맺은 것이며, 일없는 것만 같지 못하다는 것은 '생각을 내면 곧 어긴다'는 말을 맺은 것이다. 이렇게 되면 온 천하 사람의 혀끝을 앉아서 끊게 되며, 생사의 빠른 바퀴가 저절로 멈추게 될 것이다. 난리를 평정하고 나라를 태평하게 하기는, 단하 선사가 목불을 살라버린 것과 운문 선사가 개밥이나 주겠다고 하던 것과 노파가 부처님을 안 보려고 한 것과 같은 일들이다. 모두 요사한 것을 꺾고 바른 것을 드러내려는 수단이다. 그러나 마침내는 어떻게 할 것인가.

저 강남 삼월이 언제나 그리워라.
자고새 우는 곳 온갖 꽃이 향기롭네.

이게 바로 참선, 선가禪家의 가풍을 그대로 드러내는 표현이다. 불교는 대장부를 만드는 종교다. 종이나 하인을 만드는 종교가 아니다. 누구나 대장부가 될 수 있다. 남녀노소를 막론하고 대장부가 될 수 있고, 또 반드시 대자유인, 대장부가 되어야 한다. 부처님이나 조사스님들에게 매달려 구하는 것도 역시 구걸하는 것이다. 구걸하는 연습을 하면 거지 종이 되고, 주는 마음을 연습하면 부자 주인이 된다. 무엇이든지 구하는 것이 있으면, 일없는 것만 같지 못하다. 이것이 바로 참선을 닦는 수행자의 마음가짐이다.

『선가귀감』 맨 앞 두 번째 구절에 보면, '부처님과 조사가 세상에 나오심은 마치 바람도 없는데 물결을 일으킨 것과 같다'라는 표현이 있다. 왜냐? 부처님이니 조사니 이런 분들도 내가 대장부가 되도록 나의 공부를 도와줄 뿐이지, 나 대신 대장부가 되어줄 수는 없다. 내가 내 인생의 주인공이 될 수 있도록 조연 역할을 할 뿐이지, 내 인생의 주인공이 되어줄 수는 없는 법이다.

또 구하는 것이 있으면 다 고통이라고 한 것은 '다른 것이 없다. 다 그대로 옳다'를 맺은 것이다. 또 『선가귀감』 네 번째 구절에 보면, '굳이 이름을 붙여서 마음이라 부처라 중생이라 했으나, 이름에 얽매어 분별을 낼 것이 아니다. 다 그대로 옳다. 그러나 한 생각이라도 움직이면 곧 어긋난다'는 말이 있다. 그러므로 일없는 것만 같지 못하다는 것은 '생각을 내면 곧 어긋난다'는 말을 맺은 것이다.

이렇게 해서 맨 앞부분의 내용과 지금 이 뒷부분의 내용이 서로 수미일관 상통하는 것을 설명하고 있다.

거룩한 빛 어둡지 않아 만고에 환하여라.
이 문안에 들어오려면 알음알이를 두지 말라!

註

거룩한 빛, 신광神光이 어둡지 않다는 것은 첫머리의 '밝고 신령하다'는 것을 맺는 것이고, 또 만고에 빛난다는 것은 '본래부터 나지도 죽지도 않았다'는 것을 맺는 것이며, 또 알음알이를 두지 말라 하는 것은 '이름에 얽매어서 알음알이를 두지 말라'는 것을 맺는 것이다. '이름 지을 수도 없고 모양 그릴 수도 없다'는 데서 시작해서 '알음알이를 두지 말라'는 것으로 맺으니, 한데 얽힌 넝쿨을 한마디 말로 끊어버렸다. 한 알음알이로 시작과 끝을 삼고 중간에는 온갖 행동을 들어보였다. 더구나 알음알이는 불법에 큰 해가 되므로 특별히 들어 마친 것이다. 하택菏澤 선사가 조계의 맏아들이 되지 못한 것이 이 때문이다.

지금까지 이렇게 한 말들
눈 푸른 달마 스님이 봤다면 한바탕 웃었으리.
하하~.
그러나 필경에는 어떻게 할 것인가?
돌咄!
휘영청 달이 밝아 강산은 고요한데
한바탕 웃음소리 천지가 놀라겠네.

『선가귀감』 앞부분의 '여기 한 물건이 있는데, 본래부터 한없이 밝고 신령스러워서 일찍이 나지도 않고 죽지도 않았다. 이름 지을 길 없고 모양 그릴 수도 없다'라는 말과 지금 끝나는 말, 그러니까 맨 첫마디의 말과 맨 마지막 말이 서로 상통한다.

하택 선사는 '안다는 한 글자가 뭇 오묘함의 문이다(知之一字 衆妙之門也)'라고 해서 조계의 맏아들이 되지 못했다. 선사들은 이것을 '지지일자 중화지문知之一字 衆禍之門이라'고 거꾸로 이야기한다. '안다는 한 글자가 뭇 재앙의 문이다'라고 보는 것이 선가의 입장이고, '중묘지문이다'라고 보는 것은 하택의 입장이다.

그래서 한마디로 참선을 위해서는 분별심을 쉬어야 된다. 분별심을 쉰다는 것은 일체의 판단을 유보한다는 것으로, 즉 '판사가 되지 말고, 관찰자가 되어라' 하는 소리가 된다. 이것이 맞느냐 틀리느냐? 또는 이익이냐 손해냐? 장점이냐 단점이냐? 이렇게 따지다 보면 오히려 분별력이 떨어지게 된다. '소탐대실小貪大失이라. 작은 것을 탐하다 보면 큰 것을 잃어버린다'라는 말이 있다. 그래서 오히려 분별심이 쉬어질수록 분별력은 증장한다. 마치 흙탕물에 흙이 가라앉아야 맑고 투명한 물이 되어서 밑바닥이 전체적으로 다 보이는 것과 마찬가지 이치다.

충남 청양 미당리 석조미륵불입상

발문

이 글은 조계 노화상 퇴은退隱 큰스님께서 지은 것이다. 슬프다. 이백 년을 내려오면서 불법이 점차 상실되어 선禪과 교敎의 무리들이 저마다 다른 소견을 내게 되었구나. 교敎만 주장하는 사람들은 찌꺼기에만 맛을 붙여 한갓 바닷가의 모래만 셀 뿐, 다섯 교문 위에 바로 사람의 마음을 가리켜 스스로 깨쳐 들어가게 하는 문이 있는 줄을 알지 못한다. 그리고 선禪만 주장하는 사람들은 스스로 천진함만 믿어 닦고 깨치는 것을 무시하고, 단박 깨친 뒤에야 참으로 발심하여 온갖 행을 닦는 뜻을 알지 못한다. 그래서 선과 교가 뒤섞여 넘치고 모래와 금을 가리지 못하니, 『원각경』에 이르되, '본래 성불이라는 말을 듣고 미혹과 깨침이 본래 없는 것이라 하여 인과도 무시하는 것은 사특한 소견이고, 또한 무명을 닦아 익힌다는 말을 듣고 참 성품이 망념을 내는 것이라 하여 참으로 항상 성품을 잃어버린 것 또한 사특한 소견이다'라고 한 말이 이것이다.

아, 위태롭구나. 이 도가 어찌하여 바로 전해지지 못하고 있는 것일까. 이을락 말락 함이 마치 한 올의 머리카락으로 천근의 무게를 달아 올리듯 거의 땅에 떨어질 듯하더니, 마침 우리 큰스님께서 서산에 계신 지 십 년 동안 소를 먹이는 여가에 오십여 권의 경론과 어록을 보시다가 그 속에 공부하는 데 요긴하고 간절한 말이 있으면 기록해놓으셨던 것이다. 그것을 때때로 몇몇 제자들에게 차근차근 가르치시기를 양 떼를 기르듯 하여, 지나친 이는 누르고 뒤떨어진 이는 채찍질하여 크게 깨치는 문안으로 몰아넣으려고 애쓰셨다. 그러나 다들 미욱하여 도리어 법문이 높고 어려운 것으로써 병이 되므로, 노스님께서 가련하게 여겨 다시 각 구절마다 주해를 달아 풀이하고 차례로 엮어놓았다. 여러 마디가 한 줄에 이어지고 핏줄이 서로 통하여, 팔만대장경의 요긴한 곳과 다섯 종파의 근원이 모두 여기에 갖추어진 것이다. 말씀마다 이치에 부합되고 구절구절이 종지에 들어맞아, 치우치던 이는 원만하게 되고 막혔던 이는 통하게 되니 참으로 선과 교의 귀감이요, 불교를 알고 닦는 데 좋은 약이라고 할 만하다.

그러나 노스님께서 항상 이 일에 대해서는 한 말씀 반 구절이라도 마치 칼날 위를 걷듯 조심조심하여 종이에 올림을 염려하셨거늘, 어찌 이것으로써 널리 유통시켜 당신의 솜씨를 자랑할 생각이 있었을 것인가. 문인 백운 선사 보원普願이 정서하고 벽천선덕碧泉禪德 의천義天이 교정하며, 대선사 정원淨源과 태상太常과 청하도인靑霞道人 법융法融 같은 이들이 머리를 조아려 절하며 "일찍이 없었던 일이라" 찬탄하고, 동지 6, 7인과 더불어 바랑을 털어 판각에 올림으로써 큰스님께서 가르치고 열어주신 은혜를 갚기로 하였다.

대저 장경의 깊은 이치는 바다와 같이 아득하니, 여의주를 찾고 산호를 캐려는 사람들이 어디 가서 구해볼 것인가. 바다에 들어가기를 육지와 같이 하는 수단이 없다면, 물가를 바라보며 탄식만 할 것이 아닌가. 그러므로 추려낸 공로와 깨우쳐 준 은혜는 산같이 높고 바다처럼 깊다. 이를테면 만 번 몸을 갈고 천 번 목숨을 바친들 어찌 털끝만큼이라도 그 은혜를 갚을 수 있으랴. 천 리 밖에서 듣고 보아도 놀라거나 의심하지 않고 받들어 읽어 보배로 삼는다면, 참으로 천 년 뒤에 알아주는 이가 있을 것이다.

만력 기묘萬曆己卯 1579년 봄,

조계종 유손 유정惟政이 구결에 절하고 삼가 발문을 쓴다.

월호 스님의 선가귀감 강설

초판 1쇄 펴냄 2010년 10월 15일
개정판 1쇄 펴냄 2019년 6월 17일
개정판 2쇄 펴냄 2021년 5월 25일

지은이. 월호
발행인. 정지현
편집인. 박주혜

대 표. 남배현
기 획. 모지희
편 집. 신아름
디자인. 이선희
사 진. 안장헌
마케팅. 조동규, 김관영, 조용, 김지현, 서영주
구입문의. 불교전문서점 향전(www.jbbook.co.kr) 02-2031-2070~1

펴낸곳. (주)조계종출판사
서울 종로구 삼봉로 81 두산위브파빌리온 232호
전화 02-720-6107~9 | 팩스 02-733-6708
출판등록 제2007-000078호(2007. 04. 27.)

ISBN 979 - 11 - 5580 - 122 - 2 03220

• 이 도서의 국립중앙도서관 출판예정도서목록(CIP)은 서지정보유통지원시스템 홈페이지(http://seoji.nl.go.kr)와 국가자료종합목록 구축시스템(http://kolis-net.nl.go.kr)에서 이용하실 수 있습니다. (CIP제어번호 : CIP2019020561)